SCHÜLER AUSTAUSCH FRANKREICH

Dein Survival-Ratgeber

PONS

von Dr. Annelie Maidhof

PONS GmbH
Stuttgart

PONS
Erste Hilfe - Schüleraustausch
FRANKREICH
Dein Survival-Ratgeber

von Dr. Annelie Maidhof

1. Auflage 2020

www.pons.de
E-Mail: info@pons.de

Projektmanagement: Christine Lippet
Logoentwurf: Erwin Poell, Heidelberg
Logoüberarbeitung: Sabine Redlin, Ludwigsburg
Layout: Frauke Renz, Stuttgart
Satz: digraf.pl - dtp services
Druck und Bindung: Multiprint GmbH, Kostinbrod

ISBN: 978-3-12-562169-5

NHALTSVERZEICHNIS

ESSEN und TRINKEN

SCHULE

KOMMUNIKATION und MEDIEN

RUND um die FAMILIE

FREIZEIT und AUSGEHEN

EINKAUFEN

NOTFÄLLE

HERZLICHEN GLÜCKWUNSCH!

Dass du dieses Buch in der Hand hältst, bedeutet, dass du dich auf einen Schulaustausch mit Frankreich vorbereitest.

Weißt du denn auch, dass es eine Institution gibt, die sich intensiv mit dem Austausch zwischen deutschen und französischen Jugendlichen beschäftigt? Und dass dank dieser Institution rund neun Millionen junge Deutsche und Franzosen vor dir einen Austausch gewagt haben?

Diese Institution heißt Deutsch-Französisches Jugendwerk (DFJW), auf Französisch « Office franco-allemand pour la Jeunesse (OFAJ) ». Sie wurde 1963 im Zuge der Unterzeichung des deutsch-französischen Freundschaftsvertrags (Traité de l'Elysée) gegründet. Ziel war und ist es, den abstrakten Begriff „Freundschaft" mit Erlebnissen einzelner Personen zu füllen. Dafür bekommt das DFJW Geld von beiden Staaten und führt vielfältige Programme durch. Es berät und unterstützt u.a. Lehrerinnen und Lehrer, Schülerinnen und Schüler sowie Verbände, hilft und vernetzt Initiativen und vermittelt über die Internetseite www.dfjw.org Kontakte. Das DFJW fördert natürlich auch das Erlernen der jeweils anderen Sprache, z.B. durch die Finanzierung von Sprachkursen oder mit Hilfe von zahlreichen Glossaren zu unterschiedlichen Themen.

Was für die deutschen Jugendlichen gilt, gilt natürlich für junge Franzosen gleichermaßen! Auch ihnen steht das Deutsch-Französische Jugendwerk mit Rat und Tat zu Seite. Das DFJW hat zwei Büros, eines in Berlin und eines in Paris, sowie eine Außenstelle in Saarbrücken und alle Mitarbeiter sprechen beide Sprachen.

Es kann übrigens sehr gut sein, dass dir das DFJW in den nächsten Jahren noch mal begegnet, sei es bei außerschulischen Aktivitäten, bei deiner Berufsausbildung oder in deiner Studienzeit. Denn das DFJW bietet vielfältige Programme an: vom Praktikum oder Job im anderen Land, über Sport bis hin zur Förderung von Wissenschaftlern.

Wir wünschen dir also „Viel Spaß" beim Entdecken von Frankreich und sagen
„Bis bald" und « À bientôt » !

OFAJ Office franco-allemand pour la Jeunesse
DFJW Deutsch-Französisches Jugendwerk

ALUT !

in Schüleraustausch ist eine aufregenden Sache: ein nderes Land, eine andere Sprache, eine andere Kultur.

lit diesem Survival-Ratgeber bist du gut vorberei-et. Hier findest du:

- **Viele nützliche Informationen zu deinem Gastland.**
- **Hilfreiche Redewendungen und Wörter.** Wörter, die umgangssprachlich sind, haben wir mit **fam.** für **familier** (*umgangssprachlich*) gekennzeichnet. Diese Wörter solltest du möglichst nicht selber benutzen, aber verstehen musst du sie natürlich schon! Bei Wörtern, deren Aussprache dir vielleicht Probleme bereiten könnte, haben wir die Lautschrift hinzugefügt.
- **Quiz-Seiten**, um dein Wissen anzuwenden und zu erweitern. Die Lösungen dazu findest du in der rechten unteren Ecke.
- **Nützliche Links und Adressen.**

Du wirst auf dem Schüleraustausch sicherlich viel über Land und Leute lernen und dein Französisch verbessern, vielleicht auch neue Freunde finden und bestimmt merken, Franzosen nicht nur Schnecken und Froschschenkel essen.

Nutze deine Chance und starte mit viel Neugier und mit dem Pons Schüleraustausch gut vorbereitet in deinen Schüleraustausch.

Bon séjour en France !

Deine PONS-Redaktion

FRANCE
GEOATLAS
ROYAUME-UNI
NORD
Londres
Bristol
LA MANCHE
BELGIQUE
Bruxelles
Anvers
ALLEMAGNE
Düsseldorf
Cologne
Luxembourg
Lille
Roubaix
Tourcoing
Dunkerque
Amiens
St-Quentin
Reims
Metz
Strasbourg
Nancy
Le Havre
Rouen
Caen
PARIS
Versailles
Chartres
Troyes
Colmar
Mulhouse
Belfort
Bretagne
Brest
Quimper
Lorient
Rennes
Le Mans
Orléans
Laval
Angers
Tours
Blois
Dijon
Besançon
Berne
SUISSE
Zürich
Nantes
St-Nazaire
Bourges
Châteauroux
Poitiers
Niort
La Rochelle
Limoges
Clermont-Ferrand
Lyon
Villeurbanne
St-Etienne
Grenoble
Annecy
Chambéry
Turin
ITALIE
OCEAN
ATLANTIQUE
Massif
Central
Valence
Bordeaux
Bassin
Aquitain
Golfe de Gascogne
Toulouse
Montpellier
Nîmes
Avignon
Aix-en-Provence
Marseille
Toulon
Nice
Cannes
MER MEDITERRANEE
Pau
Tarbes
Perpignan
Golfe du Lion
Bilbao
ESPAGNE
Saragosse
Barcelone
ANDORRE
Pyrénées
Corse
Ajaccio

A FRANCE

La tour Eiffel

apitale :	Paris
uperficie :	550 000 km^2
opulation :	environ 67 millions d'habitants
es plus grandes villes :	Paris, Lille, Lyon, Marseille, Toulouse
1ontagnes :	les Alpes (avec le Mont-Blanc, le plus haut sommet d'Europe occidentale – 4 807 mètres), les Pyrénées, le Jura, les Vosges et le Massif central
1ers :	la mer du Nord, la Manche, l'océan Atlantique et la mer Méditerranée
leuves :	Loire, Seine, Garonne, Rhône, Rhin
e drapeau tricolore :	bleu – blanc – rouge
ymne nationale :	la Marseillaise
angue officielle :	le français
angues régionales :	l'alsacien, le basque, le breton, le catalan, l'occitan
ites touristiques les lus connus en France :	la tour Eiffel, le Mont-Saint-Michel, le Pont du Gard, Carcassonne, Avignon, Versailles

Frankreich wird wegen seiner geographischen Form Hexagone (Sechseck) genannt.

Politisch ist Frankreich in 101 Départements eingeteilt, davon fünf überseeische. Die Departements sind in alphabetischer Reihenfolge durchnummeriert: 01 l'Ain, 02 l'Aisne, 03 l'Allier, 04 les Alpes-de-Haute-Provence usw.

Ausnahmen von der alphabethischen Reihenfolge finden sich vor allem in den später entstandenen Départements der Région parisienne, also des Großraums Paris, z. B. 91 l'Essonne, 78 les Yvelines. Paris selbst hat die Nummer 75. Die fünf überseeischen Departements (le département d'outre-mer, kurz DOM genannt) sind: 971 Guadeloupe – 972 Martinique – 973 Guyane – 974 La Réunion – 975 Mayotte (seit März 2011). Diese Departements sind ehemalige französische Kolonien in der Karibik, Südamerika und der Nähe von Madagaskar, die nach dem Zweiten Weltkrieg Departements wurden.

Diese Nummern finden sich wieder als Bestandteil der Postleitzahl (le code postal), z. B. 13012 Marseille: Marseille liegt im Département 13, les Bouches-du-Rhône. Außerdem findet man auf den Nummernschilder der Autos (la plaque d'immatriculation) ganz rechts meist das Symbol der Region und darunter die Nummer des Départements.

Die Insel Korsika (la Corse) hatte ursprünglich die Nummer 20, heute 2A und 2B. Die Départements werden mit dem bestimmten Artikel gebraucht: les Yvelines, la Drôme, le Nord.

Die Départements sind in 18 Régions zusammengefasst, die ebenfalls mit dem bestimmten Artikel stehen, also la Normandie, la Provence, la Bourgogne. Frankreich besteht aus 13 Regionen, hinzu kommen noch 5 Überseeregionen.

Neben der Hauptstadt (la capitale) Paris gibt es weitere Großstädte mit einem Ballungszentrum, vor allem Lyon, Marseille, Lille, Bordeaux und Toulouse.

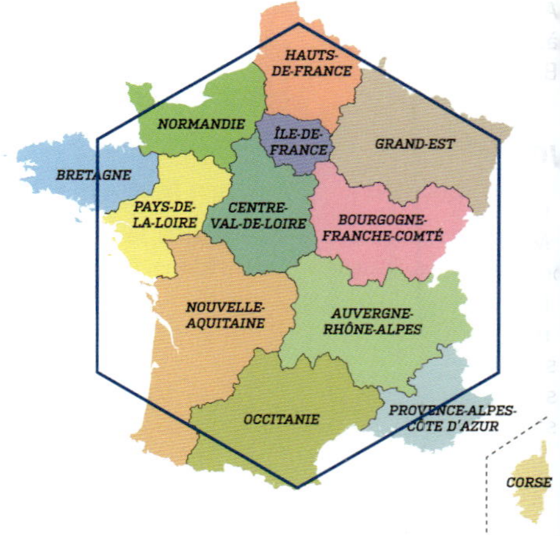

ENDUNGEN

ıabite en Provence. Il va en Provence.	*Ich wohne in der Provence. Er fährt in die Provence.*
ous allons à Marseille.	*Wir fahren nach Marseille.*
a place des Quinquonces se trouve à Bordeaux.	*Die place des Quinquonces befindet sich in Bordeaux.*
vient du Havre. Nous allons aux Baux.	*Er kommt aus Le Havre. Wir fahren nach Les Baux.*
s vins de Bourgogne	*die Weine aus dem Burgund* (Herkunft)
le vit dans la Drôme. ie Départements stehen mit dans + estimmten Artikel)	*Sie lebt im Département Drôme.*

!

Auf die Frage wo? oder wohin? steht bei Regionen die Präposition **en**, bei Städtenamen die Präposition **à**. Einige Städtenamen haben den bestimmten Artikel als Bestandteil ihres Namens, z. B. Le Havre, Les Baux. Der Artikel verschmilzt mit der Präposition **à** oder **de**.

ORTSCHATZ

mer	*das Meer*	le Massif Central	*das Zentralmassiv*
Méditerranée	*das Mittelmeer*	le fleuve	*der Fluss* (der ins Meer mündet, z. B. die Seine)
céan Atlantique (m)	*der Atlantische Ozean*	la rivière	*der (Neben-) Fluss* (z. B. der Verdon)
Manche	*der Ärmelkanal*	la Seine	*die Seine*
montagne	*das Gebirge*	la Garonne	*die Garonne*
s Pyrénées	*die Pyrenäen*	la Loire	*die Loire*
s Alpes	*die Alpen*	le Rhône	*die Rhone* (Im Französischen männlich, aber im Deutschen weiblich!)
s Vosges	*die Vogesen*		

Offiziell heißt Deutschland République Fédérale d'Allemagne (abgekürzt R.F.A.). Bis zur Wiedervereinigung 1990 sprach man in Frankreich von les deux Allemagnes (la République Fédérale d'Allemagne et la République Démocratique d'Allemagne, abgekürzt R.D.A.).

Die 16 Bundesländer (le Land, les Länder) haben französische Bezeichnungen:

Baden-Württemberg	le Bade-Wurtemberg [badvyʀtɑ̃bɛʀg]
Bayern	la Bavière [bavjɛʀ]
Berlin	Berlin [bɛʀlɛ̃]
Brandenburg	le Brandebourg [bʀɑ̃dbuʀ]
Bremen	Brême [bʀɛm]
Hamburg	Hambourg [ˊɑ̃buʀ]
Hessen	la Hesse [ˊɛs]
Mecklenburg-Vorpommern	le Mecklembourg-Poméranie occidentale [mɛklɑ̃buʀpɔmeʀani ɔksidɑ̃tal]
Niedersachsen	la Basse-Saxe [bɑssaks]
Nordrhein-Westfalen	la Rhénanie-du-Nord-Westphalie [ʀenanidynɔʀvɛstfali]
Rheinland-Pfalz	la Rhénanie-Palatinat [ʀenanipalatina]
Saarland	la Sarre [saʀ]
Sachsen	la Saxe [saks]
Sachsen-Anhalt	la Saxe-Anhalt [saksanalt]
Schleswig-Holstein	le Schleswig-Holstein [ʃlɛsvigɔlʃtajn]
Thüringen	la Thuringe [tyʀɛ̃ʒ]

VENDUNGEN

e viens de Munich / de Francfort-sur-le-Main.	*Ich komme aus München / aus Frankfurt am Main.*
habite dans un petit village près de …	*Ich wohne in einem kleinen Dorf in der Nähe von …*
otre ville est un centre industriel.	*Unsere Stadt ist ein Industriezentrum.*
les grands-parents sont d'origine autrichienne.	*Meine Großeltern stammen aus Österreich.*
ans notre région, il y a beaucoup de viticulture / de forêts.	*In unserer Gegend gibt es viel Weinbau / viele Wälder.*

TÄDTENAMEN

iele deutsche Städte haben französische Namen bzw. werden französisch ausgesprochen wie etwa Berlin εʀlɛ̃].

achen	Aix-la-Chapelle [ɛkslaʃapɛl]	Köln	Cologne [kɔlɔɲ]	Nürnberg	Nuremberg [nyʀɑ̃bɛʀ]
resden	Dresde [dʀɛsd]	Mainz	Mayence [majɑ̃s]	Regensburg	Ratisbonne [ʀatisbɔn]
rankfurt	Francfort [fʀɑ̃kfɔʀ]	München	Munich [mynik]		

VEITERE NAMEN

uch die wichtigsten deutschen Flüsse und andere geographische Namen haben eine französische Entsprenung.

ie Donau	le Danube	der Schwarzwald	la forêt Noire
er Rhein	le Rhin	die Ostsee	la mer Baltique
ie Elbe	l'Elbe (f)	der Bodensee	le lac de Constance

1 Les villes, les régions et leurs habitants : Wie heißen die Bewohner dieser Städte und Regionen?

1. de Paris : ______________________
2. de Marseille : ______________________
3. de Lyon : ______________________
4. d'Arles : ______________________
5. de la Bourgogne : ______________________
6. de la Provence : ______________________
7. de la Bretagne : ______________________
8. de l'Alsace : ______________________

2 Cherche l'intrus : Welcher Begriff passt nicht zu den anderen?

1. les Cévennes – le massif Central – les Ardennes – la Garonne – les Vosges
2. la Normandie – l'Alsace – la Lorraine – les Yvelines – la Provence – la Bretagne
3. la Seine – le Rhône – l'Auvergne – la Loire – la Garonne – le Rhin

3 Voilà des produits et des spécialités français : Welche Spezialität kommt woher? Verbinde die Begriffe aus den beiden Spalten.

1. la lavande	a. Bordeaux
2. l'airbus	b. la Normandie
3. le nougat	c. Toulouse
4. le vin rouge	d. Grasse
5. le parfum	e. le bassin d'Arcachon
6. les huîtres	f. Montélimar
7. le camembert	g. la Provence

Cherche la réponse exacte : Suche die passende Antwort.

La capitale de la France est
- [ ] a. Bordeaux.
- [ ] b. Paris.
- [ ] c. Lyon.

Le village d'Astérix se trouve
- [ ] a. en Auvergne.
- [ ] b. en Bretagne.
- [ ] c. en Provence.

Les Pyrénées séparent la France de
- [ ] a. l'Italie.
- [ ] b. la Suisse.
- [ ] c. l'Espagne.

4. François Mitterrand était
- [ ] a. le maire de Paris.
- [ ] b. le président de la République.
- [ ] c. le premier ministre.

5. Le drapeau français est
- [ ] a. bleu, jaune, rouge.
- [ ] b. bleu, blanc, noir.
- [ ] c. bleu, blanc, rouge.

6. L'hymne nationale française s'appelle
- [ ] a. Bordelaise.
- [ ] b. Marseillaise.
- [ ] c. Bouillabaisse.

Lösungen:

1 1. les Parisiens; 2. les Marseillais; 3. les Lyonnais; 4. les Arlésiens; 5. les Bourguignons; 6. les Provençaux; 7. les Bretons; 8. les Alsaciens

2 1. **La Garonne** est une rivière, les autres sont des montagnes.
2. **Les Yvelines** est le nom d'un département (78), les autres sont des régions.
3. **L'Auvergne** est une région, les autres sont des fleuves.

3 1. g; 2. c; 3. f; 4. a; 5. d; 6. e; 7. b.

4 1. b.; 2. b.; 3. c.; 4. b.; 5. c.; 6. b.

VORBEREITUNG AUF DEN AUSTAUSCH

Du kannst dich bereits im Vorfeld auf deinen Austausch vorbereiten. Wo befindet sich die Partnerschule? In einer Groß- oder Kleinstadt? Ist auch eine Städtepartnerschaft vorhanden? In welcher Region liegt die Stadt? Welche Sehenswürdigkeiten gibt es in der Nähe?

Diese Fragen können in Deutschland geklärt werden, indem man Informationen im Internet sucht.

Dort kannst du dann Begriffe eingeben: den Namen der Region, der Stadt, der Schule usw., und dann anklicken, was dich interessiert.

KONTAKTAUFNAHME

Wenn du dann die Adresse deines Partners über den Lehrer bekommen hast, kannst du deinem Partner weitere Fragen stellen. Da inzwischen in beiden Ländern fast alle Familien Internetzugang haben, bietet sich dazu der Kontakt per Email an. Man kann auch per WhatsApp oder Skype chatten oder soziale Netzwerke wie Facebook oder Instagramm nutzen, so dass einem oft schon die ganze Familie nebst Hund oder Katze durch Bilder aus dem Internet vertraut ist.

Versuche herauszufinden, was du und dein Austauschpartner gemeinsam habt, oder wo ihr vielleicht auch unterschiedliche Interessen habt. Rechts findest du einige Angaben für einen ersten Brief oder eine E-Mail.

!

Wenn du von deinen Freizeitbeschäftigungen sprichst, denke an die unterschiedlichen Präpositionen nach jouer: ein Instrument spielen: jouer **de** (jouer du piano); spielen (Sport, Spiel): jouer **à** (jouer au foot, jouer aux cartes).

VENDUNGEN

her Antoine / chère Magali
Lieber Antoine / liebe Magali

e m'appelle… J'ai 15 ans.
Ich heiße … Ich bin 15 Jahre alt.

ai deux sœurs et un petit frère de 4 ans.
Ich habe zwei Schwestern und einen kleinen Bruder von 4 Jahren.

ous habitons dans un petit village de… habitants, à 15 km de la ville de…
Wir wohnen in einem kleinen Dorf mit … Einwohnern, 15 km von der Stadt …

e vais dans un lycée / une école comme votre collège.
Ich besuche ein Gymnasium, eine Schule, die eurem Collège entspricht.

Ies matières préférées sont les maths / les langues / la biologie / le sport etc.
Meine Lieblingsfächer sind Mathe / Sprachen / Biologie / Sport usw.

ai beaucoup d'activités : je joue de la guitare / je joue au volley-ball / je fais du cheval.
Ich habe viele Freizeitbeschäftigungen: ich spiele Gitarre / Volleyball / ich reite.

aime aussi la musique / les animaux.
Ich liebe auch Musik / Tiere.

éponds-moi vite, s'il te plaît. Et parle de ta famille, tes copains et de tes loisirs.
Antworte mir schnell, bitte! Und erzähle von deiner Familie, deinen Freunden, deinen Hobbies.

. bientôt. Je t'embrasse.
Bis bald. Liebe Grüße. (wörtlich: *Ich küsse dich.*)

HIER KANNST DU DEINEN PERSÖNLICHEN STECKBRIEF AUSFÜLLEN

Nom : ....

Prénom : ....

Adresse : ....

Date de naissance : ....

Numéro de téléphone : ....

Portable : ....

Adresse e-mail : ....

Hier kannst du ein Foto von dir einkleben, wenn du möchtest.

Profession des parents : ....

Père : ....

Mère : ....

Frères et sœurs (âge) : ....

Animaux domestiques : ....

Activités, loisirs, sport, musique etc. : ....

Matières préférées : ....

Informations particulières (allergies, maladies, végétarien, fumeur etc.) :

....

Je peux accueillir : ☐ un garçon ☐ une fille

ERUFE – MÉTIERS / PROFESSIONS

mployé, -e	*Angestellter*	informaticien, -ne	*Informatiker*
vocat, -e	*Anwalt*	maçon, -ne	*Maurer*
harmacien, -ne	*Apotheker*	boucher, ère	*Metzger*
rchitecte	*Architekt*	enseignant, -e	*Lehrer*
nédecin	*Arzt*	secrétaire	*Sekretär / -in*
oulanger, -ère	*Bäcker*	vendeur, -euse	*Verkäufer*
uvrier, -ère	*Fabrikarbeiter*	représentant, -e	*Vertreter*
lombier	*Installateur*	dentiste	*Zahnarzt*
nfirmière	*Krankenschwester*	bijoutier, -ère	*Juwelier*
rogrammeur, -euse	*Programmierer*		

IERE – ANIMAUX

poisson	*Fisch*	le chat	*Katze*	le cochon d'Inde	*Meerschweinchen*
hamster	*Hamster*	la souris	*Maus*	le lapin	*Kaninchen*
chien	*Hund*	le perroquet	*Papagei*	l'oiseau (m)	*Vogel*
canari	*Kanarienvogel*	la perruche	*Wellensittich*	la tortue	*Schildkröte*

GESCHICHTE FRANKREICHS

Wer Asterix kennt, weiß, dass Frankreich vorher Gallien hieß und von Julius Caesar in den Jahren 58–51 v. Chr. erobert wurde. Bis heute erinnern – vor allem in Südfrankreich – Bauwerke an diese Zeit: der Pont du Gard, eine römische Wasserleitung in der Nähe von Avignon, die Amphitheater von Arles und Nîmes etc.

Charlemagne (Karl der Große 768–814) vereinte in seinem Frankenreich das heutige Frankreich, Deutschland, Österreich, Schweiz und einen Teil Italiens. Doch schon bald nach seinem Tod teilten seine Enkel das Reich. Damals entstanden Frankreich und die französische Sprache.

Aus dem Mittelalter sind in Frankreich sehr viele Bauwerke erhalten, vor allem die berühmten Kathedralen aus der Romanik (z. B Vézelay (Burgund) und der Gotik (Notre-Dame in Paris, die Kathedralen von Reims, Rouen, Chartres usw.). Allerdings gab es auch viele Kriege, vor allem den Hundertjährigen Krieg zwischen Frankreich und England (1337–1453), in dem Jeanne d'Arc, die französische Nationalheilige, eine wichtige Rolle spielte.

Aus dem XVI. Jahrhundert stammen die meisten Loire-Schlösser, aber diese Zeit war auch geprägt von Religionskriegen mit grausamer Verfolgung der Hugenotten.

Das XVII. Jahrhundert war geprägt vom Absolutismus unter Ludwig dem XIV, dem Sonnenkönig und Erbauer des Schlosses von Versailles bei Paris. Die immensen Ausgaben für das Hofleben und die Kriege, sowie Unterdrückung führten 1789 zur Französischen Revolution. Als ihr Anfang gilt der Sturm auf die Bastille, dem Gefängnis für politische Gefangene, am 14. Juli 1789. Dieser Tag ist bis heute französischer Nationalfeiertag.

Frankreich wurde durch die Absetzung von Ludwig XVI. zur Republik, unter Napoleon I. zum Kaiserreich und nach dessen Verbannung wieder zur Monarchie. Seit 1870 ist Frankreich eine Republik und zwar derzeit die Fünfte Republik.

Ludwig XIV, Schloss Versailles

ATUM, JAHRESZAHLEN, EPOCHEN

ie Jahrhunderte werden – wie im Deutschen – mit er Ordnungszahl gebildet: le treizième siècle, le ingtième siècle, die Herrschernamen dagegen mit er Kardinalzahl, mit Ausnahme des ersten, also: Naoléon Ier (gesprochen Napoléon premier), Louis XIV ouis quatorze). Dies gilt auch für die Päpste: Benoît VI (Benoît seize).

as Datum wird ebenfalls mit der Kardinalzahl gebilet, Ausnahme ist auch hier der erste: le 1er mai (gesprochen le premier mai), le 10 juillet (gesprochen le dix juillet). Am + Datum wird nur mit dem bestimmten Artikel le gebildet: am 14. Juli: le quatorze juillet (französischer Nationaltag). Wochentage erhalten den bestimmten Artikel nur, wenn es sich um jeden Mittwoch handelt: Le mercredi, il joue au foot. *Jeden Mittwoch / mittwochs spielt er Fußball.*

Jahreszahlen werden mit en gebildet: en 1985. Beachte aber: au Moyen Âge *(im Mittelalter)*.

VORTSCHATZ

Gaule	*Gallien*
aulois	*gallisch*
n aqueduc romain	*eine römische Wasserleitung*
n amphithéâtre	*ein Amphitheater*
n arc de triomphe	*ein Triumphbogen*
harlemagne	*Karl der Große*
Moyen Âge	*das Mittelalter*
cathédrale	*die Kathedrale*
oman	*romanisch*
othique	*gotisch*
guerre de Cent ans	*der Hundertjährige Krieg*
château, les châteaux	*das Schloss, die Schlösser/die Burg, die Burgen*
es Huguenots	*die Hugenotten* (Name der französischen Protestanten)
ouis XIV	*Ludwig XIV.*
siècle	*das Jahrhundert*
fête nationale	*der Nationalfeiertag*

Pont du Gard

DEUTSCHLAND – FRANKREICH

Über viele Jahre waren Frankreich und Deutschland ‚Erbfeinde'. 1963 legten der französische Staatspräsident Charles de Gaulle und Bundeskanzler Konrad Adenauer mit der Unterzeichnung des Élysée-Vertrags den Grundstein für die deutsch-französische Freundschaft, die viele Städtepartnerschaften und Schüleraustauschprogramme erst ermöglicht hat.

Offizielle Symbole Frankreichs sind die Trikolore, d.h. die französische Flagge aus der Revolutionszeit: blau – weiß – rot, Marianne, die Büste einer Frau (seit 1792), die in jedem französischen Rathaus steht, und der gallische Hahn.

Aber mit Frankreich verbindet man auch viele Klischees und umgekehrt gibt es auch in Frankreich Vorurteile über Deutsche. Vorurteile und Klischees entstehen meist aus Unkenntnis über das andere Land, oft steckt auch eine gewisse Angst vor dem Unbekannten, dem Fremden dahinter.

Meistens geht es um Äußerlichkeiten (Aussehen, Kleidung, Essgewohnheiten), die dann auf den Charakter übertragen werden. Das beste Mittel zum Abbau von derartigen Vorurteilen ist, das Land und die Leute kennen zu lernen.

So kann man gleichzeitig Vorurteile über das eigene Land korrigieren: der überwiegende Teil der Deutschen trägt nie Lederhose oder Dirndl, die deutsche Küche bietet mehr als Sauerkraut, Bratwürste und Bie

Umgekehrt entspricht auch die berühmte französische Küche nicht dem, was deutsche Jugendliche oft vor einem Aufenthalt in der Gastfamilie befürchten: Es gibt nicht alle Tage Schnecken, Froschschenkel oder Austern.

Marianne

VORURTEILE

réjugés sur la France et les Français :

e Français porte le béret basque, a toujours une baguette sous le bras et boit beaucoup de vin rouge.
es Français aiment s'amuser, mais ils n'aiment pas travailler. Ils ont une vieille 2 CV.

réjugés des Français sur l'Allemagne et les Allemands :

a cuisine est mauvaise (choucroute !), les Allemands sont très gros, parce qu'ils mangent beaucoup et oivent des quantités énormes de bière. Ils sont très sérieux et pensent seulement au travail. Ils ont de rosses voitures comme la Mercedes ou la BMW.

la 2CV

VORTSCHATZ

e préjugé	*das Vorurteil*
e stéreotype	*die Klischeevorstellung*
e béret basque	*die Baskenmütze*
a 2 CV (la deux chevaux)	*der 2 CV* (französischer Kleinwagen von Citroën, genannt Ente)

!

Autos sind im Französischen weiblich (la voiture), also: la Peugeot, la Renault, la Citroën, la Volkswagen, la BMW, la Fiat etc., Schiffe und Flugzeuge dagegen männlich: z. B. Le France, ein ehemaliger französischer Luxusdampfer oder das berühmte Überschallflugzeug Le Concorde, das 2003 das letzte Mal flog.

a choucroute	*das Sauerkraut*
'amitié franco-allemande (f)	*die deutsch-französische Freundschaft*
e jumelage	*die (Städte)partnerschaft*
'échange (m)	*der Schüleraustausch*

1 Ergänze mit den entsprechenden Präpositionen bzw. Artikeln.

1. ________ XVIII siècle, les Français ont fait une grande révolution.
2. Charlemagne est mort ________ 814.
3. ________ 14 juillet et un jour férié en France.
4. ________ Moyen Âge, il y avait la monarchie en France.

2 Welchen Beruf übt er / sie aus?

1. Elle travaille à l'école avec les élèves : elle est ____________________
2. Elle vend des produits dans un supermarché : elle est ____________________
3. Il connaît les médicaments et les vend aux clients : il est ____________________
4. Il fait du pain, des petits pains, des croissants : il est ____________________

3 Voilà une lettre de ton correspondant français. Versuche, die fehlenden Wörter zu rekonstruieren.

Chère Ju☐ia,

Merci de t☐ let☐re. M☐n frère H☐go a b☐aucoup ☐i. ☐l est sympathique, mon ☐rère, mais il ☐ait toujours d☐s bêtises.

Je t'embrasse. Maga☐i.

Die fehlenden Buchstaben ergeben ein weltberühmtes Wahrzeichen Frankreichs:

☐☐ ☐☐☐☐ ☐☐☐☐☐☐

Quiz 2

Cherche l'intrus : Welches Wort passt nicht?

Charlemagne – Louis XIII – Charles X – Mitterrand – Napoléon

la voiture – le fauteuil – la bicyclette – le bateau – l'avion – le métro

la cathédrale – le château – la plage – le monastère – la chapelle – le palais

Tu connais l'histoire de France ? Kreuze die richtige Antwort an:

L'épouse de Louis XVI était

- ☐ a. Marianne.
- ☐ b. Marie-Antoinette.
- ☐ c. Marie-Louise.

2. La devise de la Révolution était : liberté, égalité…

- ☐ a. amitié.
- ☐ b. fraternité.
- ☐ c. solidarité.

Où est né Napoléon ?

- ☐ a. En Corse.
- ☐ b. En Italie.
- ☐ c. En Bretagne.

4. Quel était le surnom du roi Louis XIV ?

- ☐ a. Le roi soleil.
- ☐ b. Le roi lune.
- ☐ c. Le roi lumière.

Lösungen:

1 1. Au; 2. en; 3. Le; 4. Au
2 1. enseignante / professeur; 2. vendeuse; 3. pharmacien; 4. boulanger
3 la tour Eiffel
4 1. **Mitterrand** était président de la République, les autres étaient des monarques.
2. **Le fauteuil** est un meuble, les autres sont des moyens de transport.
3. **La plage** est une partie de la nature, les autres sont des bâtiments.
5 1.b.; 2.b.; 3.a.; 4. a.

DIE BEGRÜSSUNG

Franzosen begrüßen sich mit Wangenküsschen, wobei die Zahl je nach Gegend zwischen zwei und vier schwankt. Es empfiehlt sich also, erst einmal zu schauen, was die anderen machen. Falls deine französische Gastmutter dich auch mit Küsschen begrüßt, solltest du das – auch wenn es ungewohnt ist – akzeptieren.

Normalerweise bringt man der Gastfamilie ein kleines Geschenk mit – etwa eine Spezialität aus der eigenen Gegend – das man am ersten Tag überreicht.

Du kennst die üblichen Grußformeln: bonjour, bonsoir, salut. In Frankreich fügt man aber meist monsieur, madame oder den Namen an. Also: Bonjour, madame. Bonsoir, monsieur. Salut, Jérémy. Salut, les filles.

DIE WOHNUNG

Die französischen Wohnungen, vor allem in den Großstädten, sind oft kleiner als in Deutschland. Deshalb wirst du vielleicht das Zimmer mit deinem Austauschpartner teilen. Das Bett ist die erste Überraschung: was wir in Deutschland als ‚französisches Bett' bezeichnen, heißt in Frankreich grand lit. Der Name täuscht, da es mit 1,40 x 1,90 m nicht gerade groß ist für zwei Personen. Beim Einzelbett ist der Unterschied nicht so groß. Auch die Bettwäsche kann teilweise gewöhnungsbedürftig sein: manchmal schläft man zwischen zwei Laken, wobei auf dem oberen eine Wolldecke liegt. Statt des Kopfkissens findet man häufig eine Schlafrolle Aber in vielen Familien gibt es bereits auch die gleichen Kissen und Bettdecken (la couette) wie bei uns. Auch das Bettenmachen will gelernt sein. Üblicherweise wirst du kein eigenes Bad haben, d. h. du musst dich erkundigen, wie viele Leute früh das Bad brauchen. Und falls du ein Handtuch brauchst, frage nach une serviette.

!

Wenn deine Familie in einem Mehrfamilienhaus wohnt, gibt es wahrscheinlich einen code (Zahlenkombination), um ins Haus zu gelangen. Schreib dir diesen unbedingt auf, denn sonst kommst du nicht ins Haus und kannst auch nicht klingeln.

EGRÜSSUNG / VERABSCHIEDUNG

njour / Bonsoir, monsieur. Comment allez-vous?	*Guten Tag / guten Abend (mein Herr). Wie geht es Ihnen?*
lut, Aurélie, ça va ?	*Hallo Aurélie, wie geht's ?*
njour tout le monde.	*Guten Morgen allerseits.*
revoir, madame. Bonne nuit.	*Auf Wiedersehen. Gute Nacht.*
lut, Elodie, à plus. / à demain.	*Tschüss Elodie, bis später / bis morgen.*

RSTE SÄTZE

voudrais aller dans la salle de bains.	*Ich möchte gern ins Bad gehen.*
t-ce que je peux téléphoner à mes parents / ppeler mes parents ?	*Kann ich meine Eltern anrufen?*
est-ce que je peux mettre mes affaires ?	*Wo kann ich meine Sachen hinlegen?*
ilà un petit cadeau pour vous. 'est quelque chose de typique de notre région.	*Hier ist ein kleines Geschenk für Sie. Es ist etwas Typisches aus unserer Gegend.*
suis très fatigué(e) après le long voyage.	*Ich bin sehr müde nach der langen Reise.*
quelle heure est-ce que je dois me ever demain matin ?	*Um wie viel Uhr muss ich morgen früh aufstehen?*

ERSTÄNDIGUNGSSCHWIERIGKEITEN

uvez-vous répéter, s'il vous plaît ? e n'ai pas compris.	*Können Sie bitte noch einmal wiederholen? Ich habe es nicht verstanden.*
us parlez trop vite pour moi. st-ce que vous pouvez parler plus lentement ?	*Sie sprechen zu schnell für mich. Können Sie langsamer sprechen?*

ANTWORTEN

Die einfache Antwort oui oder non auf eine Frage klingt unhöflich. Höflicher antwortet man dagegen so: Tu prends encore un peu de salade ? - Non, merci. oder Oui, merci, je veux bien. Wenn man dir etwas zu essen anbietet, das du nicht kennst, solltest du nicht gleich ablehnen, sondern ruhig fragen, ob du erst mal probieren kannst: Je ne connais pas, mais je veux bien en goûter un peu.

Deine Gastmutter wird sich freuen, wenn du auch mal einen positiven Kommentar über das Essen abgibst. Das solltest du aber nur machen, wenn es auch stimmt. Im umgekehrten Fall ist es unhöflich zu sagen Je déteste les moules/le poisson/la viande usw. Besser wäre es, schon vorher auf Abneigungen hinzuweisen, nicht nur was das Essen betrifft: Je n'aime pas tellement le sucré/le poisson/les fruits de mer, je préfère...

Und nicht vergessen: *Bitte* heißt s'il vous plaît bzw. s'il te plaît, je nachdem, ob man den anderen siezt oder duzt.
Wenn sich jemand bei dir bedankt, dann kannst du antworten: De rien. oder (Il n'y a) pas de quoi.

ENTSCHULDIGUNG!

Zur Höflichkeit gehört auch, sich gelegentlich zu entschuldigen. Spricht man auf der Straße einen Fremden an, sagt man Excusez-moi monsieur, je cherche...

Hat man jemanden versehentlich angerempelt, dann sagt man: Pardon, madame.

Und wirst du selbst etwas gefragt, weißt die Antwort aber nicht, dann sagst du: Je suis désolé(e), je ne suis pas d'ici. *Es tut mir leid, ich bin nicht von hier.*

Santé !

À vos souhaits !

erci. — *Danke.*
vec plaisir. — *Mit Vergnügen. / Gern.*
il vous plaît. / S'il te plaît. — *Bitte.*
e rien. / Pas de quoi. — *Bitte sehr. / Keine Ursache.*

suis désolé(e). — *Es tut mir leid.*
xcusez-moi ! — *Entschuldigen Sie.*
ardon ! — *Verzeihung!*

xcusez-moi, mais j'ai raté le bus. — *Entschuldigung, aber ich habe den Bus verpasst.*
ardon, monsieur/madame, je ne voulais pas vous déranger. — *Entschuldigen Sie, aber ich wollte Sie nicht stören.*
xcuse-moi, Morgane, je ne l'ai pas fait exprès. — *Verzeih Morgane, aber ich habe das nicht mit Absicht gemacht.*

suis désolé(e), mais je l'avais complètement oublié. — *Es tut mir leid, aber ich hatte es völlig vergessen.*

es meilleurs vœux pour ton anniversaire. / Joyeux anniversaire. — *Herzlichen Glückwunsch zum Geburtstag.*
onnes vacances ! Bon voyage ! — *Schöne Ferien! Gute Reise!*
musez-vous bien ! Bonne soirée ! — *Viel Vergnügen! Schönen Abend!*
tes souhaits ! / À vos souhaits ! — *Gesundheit!* (nach dem Niesen)
on rétablissement ! — *Gute Besserung!*
votre santé ! / À ta santé ! / Santé ! — *Zum Wohl! Prost!*

erci, je veux bien. — *Danke, gern.*
t'accompagne volontiers. — *Ich begleite dich gern.*
'est très bon / excellent / délicieux. — *Das (schmeckt) sehr gut es ist ausgezeichnet / köstlich.*
en reprends volontiers. — *Ich nehme gern noch was.*
on, merci, mais je n'en peux plus. — *Nein danke, ich kann nicht mehr.*
adore la cuisine française. — *Ich liebe die französische Küche.*

ALLTAG IN EINER FRANZÖSISCHEN FAMILIE

Im Allgemeinen verbringen die Familienmitglieder weniger Zeit zu Hause als in Deutschland. Die Zahl der berufstätigen Mütter ist in Frankreich höher als in Deutschland und deshalb gehen die meisten Kinder schon ab 2 Jahren in den Kindergarten. Die größeren Kinder haben nachmittags und oft auch am Samstag Unterricht. (vgl. später Thema Schule)

Das heißt, erst am Spätnachmittag finden sich die ersten Familienmitglieder wieder ein. Das Wochenende beginnt dementsprechend oft erst samstags mit dem Mittagessen.

Der Gastschüler sollte sich eher als Familienmitglied fühlen und nicht als Gast. Du solltest daher beim Tischdecken, Abräumen und ähnlichen Arbeiten deine Hilfe anbieten. Es ist auch selbstverständlich, dass du dein Bett selbst machst, deine Sachen aufräumst etc. Meistens wird es auch möglich sein, dass Kleidungsstücke von der Mutter mitgewaschen werden, aber höflich fragen sollte man vorher schon. Dasselbe gilt für die Benutzung des Kühlschranks oder des WLANs, das übrigens auf Französisch Wifi heißt!

ÄUFIGE FRAGEN

t-ce que je peux aller en ville cet après-midi ?
)arf ich heute Nachmittag in die Stadt gehen?

quelle heure est-ce que je dois rentrer / est-ce qu'on mange ?
Im wie viel Uhr muss ich zurück sein / essen wir?

t-ce que la salle de bains est libre ? Je voudrais prendre une douche.
st das Badezimmer frei? Ich möchte gerne duschen.

us avez une antenne parabolique ? Je pourrais regarder les informations ?
Iabt ihr eine Satellitenschüssel? Könnte ich die Nachrichten anschauen?

'est-ce qu'on fait ce soir / demain / ce week-end ?
Vas machen wir heute Abend / morgen / am Wochenende?

t-ce que tu peux m'aider ? Je n'arrive pas à…
Kannst du mir helfen? Ich schaffe es nicht, …

'ORTSCHATZ

ppartement (m)	*Wohnung*	la salle de bains	*Bad*
maison	*Haus*	la pièce	*Zimmer*
garage	*Garage*	les toilettes	*Toilette*
chambre	*(Schlaf)zimmer*	la cave	*Keller*
cuisine	*Küche*	l'armoire (f)	*Schrank*
salle à manger	*Esszimmer*	le lit	*Bett*
salle de séjour	*Wohnzimmer*	la baignoire	*Badewanne*

1 Voilà des réponses. Cherche les questions : Verbinde die Fragen links mit den Antworten rechts.

1. On va au cinéma ?	a. Je suis de Munich.
2. Quelle heure est-il ?	b. Oui. Le foot, c'est super !
3. Où est-ce que tu habites ?	c. Non. Je préfère aller au lit.
4. Tu aimes le foot ?	d. Il est 8 heures moins le quart.
5. Que fait ton père ?	e. Oui, merci, très bien.
6. Tu as bien dormi ?	f. Il est professeur de maths.

2 Cherche l'intrus : Welches Wort passt nicht zu den anderen?

1. la cuisine – la salle de bains – la machine à laver – le couloir – la chambre
2. la chaise – l'armoire – le sofa – le chien – le lit – la table de nuit
3. le père – le fils – la grand-mère – le cousin – l'oncle – la copine

3 Vrai ou faux ? Richtig oder falsch? Kreuze die richtigen Sätze an.

☐ 1. Le grand lit est immense.
☐ 2. En France, les élèves ont souvent classe aussi le samedi.
☐ 3. En France on prend le repas du soir plus tard qu'en Allemagne.
☐ 4. On dit « Salut » aux professeurs.
☐ 5. La plupart des Françaises restent à la maison quand elles ont des enfants.

Was sagst du wenn …?

… du ins Bett gehen möchtest?
- ☐ a. Je suis tellement fatigué.
- ☐ b. Non, ce n'est pas grave.
- ☐ c. Ah, il m'énerve vraiment.

… du deine Eltern anrufen möchtest?
- ☐ a. J'en ai marre.
- ☐ b. J'aimerais appeler mes parents.
- ☐ c. Il est tard, je vais me coucher.

… du versehentlich etwas kaputt gemacht hast?
- ☐ a. Pardon, je l'ai fait exprès.
- ☐ b. Pardon, ce n'était pas ma faute.
- ☐ c. Pardon, je regrette beaucoup.

4. … du beim Tischdecken helfen möchtest?
- ☐ a. Est-ce que je peux débarrasser la table ?
- ☐ b. Est-ce que je peux passer l'aspirateur ?
- ☐ c. Est-ce que je peux mettre le couvert ?

5. … du alleine in die Stadt gehen möchtest?
- ☐ a. J'ai envie de regarder les vitrines dans le centre.
- ☐ b. Est-ce que je peux me rendre utile ?
- ☐ c. Je n'ai pas cours cet après-midi.

6. … du nicht verstanden hast, was man dir gesagt hat?
- ☐ a. J'entends rien.
- ☐ b. Pourriez-vous répéter, s'il vous plaît ?
- ☐ c. Oui, je suis tout à fait d'accord.

Lösungen:

1 1. c.; 2. d.; 3. a; 4. b.; 5. f.; 6. e.

2 1. **La machine à laver** : c'est un appareil ménager, les autres sont les pièces d'un appartement.
2. **Le chien** est un animal, les autres sont des meubles.
3. **La copine** ne fait pas partie de la famille.

3 1. faux (il est assez petit); 2. vrai; 3. vrai; 4. faux (Bonjour, Monsieur…); 5. faux

4 1. a; 2. b; 3. c; 4. c; 5. a; 6. b;

Die Mahlzeiten in Frankreich sind Frühstück (le petit-déjeuner), Mittagessen (le déjeuner), kleine Zwischenmahlzeit für die Kinder nach dem Nachmittagsunterricht (le goûter) und Abendessen (le dîner).

FRÜHSTÜCK

Es spielt eine eher geringe Rolle. Meistens frühstücken die einzelnen Familienmitglieder schnell in der Küche. Es gibt Kaffee oder Milchkaffee oder Kakao (meist aus einer großen Schale – le bol), dazu Gebäck (croissants, brioches etc.) oder ein Stück Baguette mit Butter und Marmelade. Das Gebäck wird in Frankreich gerne in den Kaffee eingetaucht.

MITTAGESSEN

Unter der Woche essen die meisten Familien nicht gemeinsam, da viele Eltern am Arbeitsplatz und die Kinder in der Schulkantine essen (nur, wer ganz in der Nähe der Schule wohnt, kann mittags zum Essen nach Hause gehen). Am Sonntag gibt es dann meist ein ausgiebiges Mittagessen. Dieses kann sich dann über Stunden hinziehen, vor allem, wenn Besuch kommt. Es fängt mit einem Aperitif und Knabberzeug an, dann folgen die Vorspeise, der Hauptgang, evtl. Käse als Zwischengang und ein Nachtisch.

ABENDESSEN

Das Abendessen ist die Gelegenheit, sich en famille beim Essen zu treffen. Die französischen Austauschschüler sind immer wieder erstaunt, wie früh manche deutschen Familien zu Abend essen. In Frankreich isst man – je nach den Arbeitszeiten der Eltern – teilweise erst zwischen 20 und 21 Uhr, jedenfalls nie vor 19 Uhr. Für Südfrankreich gelten noch spätere Zeiten.

Das Abendessen entspricht in etwa dem Mittagessen, nur weniger üppig, doch gibt es meistens ein warmes Gericht und einen kleinen Nachtisch, z. B. einen Joghurt oder Pudding.

GETRÄNKE

Jugendliche trinken zu Hause meist nur Wasser zum Essen, die Erwachsenen Wein oder auch manchmal Bier. Das Thema Wasser ist ein Kapitel für sich: vielfach trinkt man Leitungswasser (eau du robinet) – auch in der Schulkantine. Die meisten Franzosen bevorzugen Mineralwasser ohne Kohlensäure.

ENDUNGEN

ui, merci. / Oui, volontiers. / Oui, j'en reprends volontiers.	*Ja, danke. / Ja, gern. / Ja, ich nehme gern noch etwas.*
on, merci. C'est très bon, mais …	*Nein, danke. Es ist sehr gut, aber …*
me passes / vous me passez le sel / le pain, s'il te plaît / s'il vous plaît ?	*Reichst du mir / reichen Sie mir bitte das Salz / das Brot?*
'est très bon. / C'est délicieux. / 'aime beaucoup …	*Das ist sehr gut. / Es ist sehr lecker / ausgezeichnet. / Ich mag … sehr gern.*
n'aime pas tellement …	*Ich mag … nicht besonders.*
ne mange pas de poisson, est-ce que je pourrais voir un œuf / quelques tranches de jambon ?	*Ich esse keinen Fisch, könnte ich ein Ei / einige Scheiben Schinken haben?*

!

À table ! *Zu Tisch!* Bon appétit ! *Guten Appetit!* À votre santé ! / À ta santé ! / Santé ! *Prost! / Zum Wohl!*

ORTSCHATZ

petit-déjeuner	*Frühstück*	le déjeuner	*Mittagessen*	le dîner	*Abendessen*
s céréales	*Getreideflocken*	le muesli	*Müsli*		
ettre le couvert	*den Tisch decken*	l'assiette (creuse) (f)	*(tiefer) Teller*	tremper	*eintauchen* (in Kaffee)
ébarrasser la table	*den Tisch abdecken*	le verre	*Glas*		
ire la vaisselle	*spülen*	la bouteille	*Flasche*	la viennoiserie	*Gebäck* (z. B. Croissant)
lave-vaisselle	*Spülmaschine*	la carafe d'eau	*Wasserkrug*		
nappe	*Tischdecke*	le hors d'œuvre / l'entrée (f)	*Vorspeise*	l'amuse-gueule (m)	*Knabberei, Häppchen*
couteau	*Messer*				
fourchette	*Gabel*	le plat principal	*Hauptgang*	le dessert	*Nachtisch*
(petite) cuillère	*(Tee)löffel*	le fromage	*Käse*		

IM RESTAURANT

Der Restaurantbesuch erfolgt im Allgemeinen mit der Gastfamilie, die dir alles erklären wird. Aber ein paar Hinweise sind sicher nützlich.

Man kann auf der Speisekarte ein Menu wählen (ein bis drei Vorspeisen zur Auswahl, ebenso Auswahl zwischen meistens drei Hauptgerichten und Nachspeisen) oder sich sein Essen selbst zusammenstellen.

Eine Speisekarte ist generell sehr schwer zu verstehen, vor allem weil es in Frankreich sehr viele Spezialitäten oder spezielle Zubereitungsarten je nach Region gibt. Hier ist vielleicht ein Wörterbuch oder eine Wörterbuch-App, wie die von PONS ganz nützlich, denn auch die Gastfamilie hat oft Schwierigkeiten, Gerichte zu erklären. Vor allem solltest du die Wörter für das kennen, was du auf keinen Fall essen willst. Du ersparst dir vielleicht eine unliebsame Überraschung. Nicht jeder mag beispielsweise tripes (Kutteln). Schlag diese Wörter im Wörterbuch nach und schreib sie dir auf.

Die Bedienung ist heute üblicherweise im Preis inbegriffen, man gibt aber ein Trinkgeld. Dabei rundet man nicht auf wie in Deutschland, sondern lässt etwas Kleingeld auf dem Tisch liegen, wenn man geht.

UNTERWEGS EINE KLEINIGKEIT

Bei den von der Partnerschule organisierten Ausflügen ist es meistens üblich, dass die Familie etwas zu essen mitgibt: Sandwich, Obst, Getränk. An den anderen Tagen wirst du vermutlich in der Schulkantine essen.

Ansonsten gibt es natürlich viele Möglichkeiten für Jugendliche, günstig zu essen. Seit 1979 in Straßburg der erste McDonald's eröffnet wurde, hat fast-food (la restauration rapide) auch in Frankreich seinen Siegeszug angetreten und macht inzwischen ein Drittel der Gastronomiebetriebe aus. Neben McDonald's (kurz Macdo [makdɔ]), gibt es auch französische Ketten wie z. B. *Quick* oder *Flunch* [flœntʃ]. Wenn es nur ein Sandwich (sandwich [sɑ̃dwitʃ]) sein soll, kann man auch z. B. in die Kette *Brioche dorée*, in eine Sandwicherie oder einen Self-service gehen.

ENDUNGEN

oi, je prends le menu à 7 €.	*Ich nehme das Menu zu 7 €.*
prends le sandwich jambon-beurre, des frites et un coca.	*Ich nehme ein Sandwich mit Butter und Schinken, Pommes und eine Cola.*
omment est-ce que vous voulez votre steak ? Saignant ? À point ? Bien cuit ?	*Wie möchten Sie Ihr Steak? Blutig? Medium? Gut durchgebraten?*
pportez-nous un autre verre, s'il vous plaît.	*Bringen Sie uns bitte noch ein Glas.*
omme dessert, je prends une glace.	*Zum Nachtisch nehme ich ein Eis.*
addition, s'il vous plaît.	*Die Rechnung, bitte!*
ur place ou à emporter ?	*Zum hier Essen oder zum Mitnehmen?*

VORTSCHATZ

steak-frites	*Steak mit Pommes frites*
s frites (f)	*Pommes frites*
steak haché	*Hacksteak*
burger au poulet	*Chickenburger*
pain de mie	*Toastbrot*
croque-monsieur	*überbackener Toast mit Käse und Schinken*
salade niçoise	*gemischter Salat mit Eiern, Sardellen, Oliven, evtl. Thunfisch*
salade composée	*gemischter Salat*
s lamelles de jambon	*Schinkenstreifen*
la gaufre	*Waffel*
la crêpe	*Art Eierpfannkuchen, sehr dünn*
la barbe à papa	*Zuckerwatte*
la tartine	*belegtes Brot*
le panini	*belegtes Brötchen, das noch im Ofen geröstet wird*
faire un barbecue / des grillades	*grillen*
au choix	*nach Wahl*
la boisson	*Getränk*
à la paille	*mit Strohhalm*

Die Franzosen sind sehr stolz auf die lange Tradition ihrer Kochkunst, die sie letztlich bis in die Antike zurückführen. Es gibt jedoch nicht DIE französische Küche, sondern viele regionale Küchen mit entsprechenden Spezialitäten.

Ein typisch französisches Menü setzt sich dabei aus einer Vorspeise, einem Hauptgericht und einem Nachtisch zusammen. Manchmal wird vor dem Nachtisch noch eine Käseauswahl (le plateau de fromages) gereicht.

Selbst in den Familien ist es üblich, dass man abends ein Drei-Gänge-Menü bekommt, wenn auch nur ein einfaches. Dann gibt es als Nachtisch meist einen Joghurt (le yaourt) mit Früchten oder einen Quark (le fromage blanc), der noch gesüßt wird.

Einige der bekanntesten französischen Spezialitäten sind:

Vorspeise (l'entrée): les moules, les huîtres, le confit de canard, le foie gras, la quiche lorraine, l'assiette de crudités, l'assiette de charcuterie

Hauptgericht (le plat principal): le coq au vin, le bœuf bourguignon, le cassoulet, la bouillabaisse, la ratatouille

Dessert (le dessert): le gâteau basque, la tarte aux pommes, la tarte Tatin, la crème brûlée, la glace

Käse (le fromage): le camembert, le bleu d'Auvergne, la tomme de Savoie, le roquefort, le munster, le chèvre…

Allerdings ist das nur eine ganz kleine Auswahl, denn die Franzosen rühmen sich, über 300 Käsesorten zu haben.

Getränke (les boissons): l'orangina, le diabolo (limonade + sirop), le champagne, le cidre, le pastis, le calvados, le cognac, le vin rouge et le vin blanc

Sonstiges: le nougat de Valence, les madeleines (kleiner Sandkuchen), les truffes (*Trüffeln*), les crêpes, les macarons (Baisergebäck mit Cremefüllung)

›rspeise - l'entrée (f)

›s moules	*Muscheln*
s huîtres	*Austern*
› confit de canard	*Entenfleisch im eigenen Schmalz angemacht*
› foie gras	*Gänseleber*
› quiche lorraine	*Mürbeteigtorte, mit geräuchertem Speck und einer Ei-Sahnecreme gebacken*
›s crudités	*Verschiedene geraspelte rohe Gemüsesorten*
›ssiette de fruits de mer (f)	*Meeresfrüchteteller*

auptgericht - le plat principal

› coq au vin	*Hähnchen in Rotweinsoße*
› bœuf bourguignon	*Rindfleischschmorgericht*
› cassoulet	*weißer Bohneneintopf mit Wurst und Fleisch*
› bouillabaisse	*Fischsuppe*
› ratatouille	*geschmortes Gemüsegericht*

essert - le dessert

› gâteau basque	*mit Creme oder Marmeladen gefüllter Mürbteig*
› tarte aux pommes	*Apfelkuchen*
› tarte Tatin	*gestürzter Kuchen mit karamellisierten Äpfeln*
› crème brûlée	*karamellisierte Milch-Eierspeise*
› clafoutis aux cerises	*Kirschkuchen*

etränke - les boissons

›au minérale (f)	*Mineralwasser*	l'eau gazeuse / non-gazeuse / l'eau pétillante / non-pétillante (f)	*Mineralwasser mit / ohne Kohlensäure*
›rangina ® (f)	*Orangenlimonade*	le vin rouge / blanc / rosé	*Rot- / Weiß- / Roséwein*
› coca(-cola) ®	*Coca Cola ®*	le cidre	*Cidre (Apfelwein)*
› bière	*Bier*	l'eau de vie (f)	*Schnaps*
› pastis	*Pastis (Anisschnaps)*	le cognac	*Cognac (Branntwein)*
› calvados	*Calvados (Apfelbranntwein)*		

Quiz 4

1 Trouve la réponse exacte : Finde die richtige Antwort.

1. La crème brûlée est
   - ☐ a. une entrée.
   - ☐ b. un amuse-gueule.
   - ☐ c. un dessert.

2. Le garçon
   - ☐ a. sert les clients.
   - ☐ b. aide dans la cuisine.
   - ☐ c. prépare les desserts.

3. Avec l'apéritif on
   - ☐ a. finit le repas.
   - ☐ b. commence le repas.
   - ☐ c. remercie le chef de cuisine.

4. Le kouglof est une spécialité
   - ☐ a. alsacienne.
   - ☐ b. bretonne.
   - ☐ c. du Midi de la France.

5. Pfeffer en français s'appelle
   - ☐ a. le poivre.
   - ☐ b. le poivron.
   - ☐ c. le piment.

6. Le réveillon est un
   - ☐ a. grand repas la veille de Noë
   - ☐ b. le déjeuner de Pâques.
   - ☐ c. une spécialité de Toulouse.

2 Cherche l'intrus. Welcher Begriff passt nicht?

1. la truite – la carpe – le poisson d'avril – le thon – la daurade
2. la carotte – l'aubergine – l'artichaut – la crevette – le chou
3. le couteau – l'assiette – la fourchette – le dîner – la cuillère – le verre
4. le café – le thé – le jus d'orange – la tisane – l'infusion

3 Suche die fehlenden Buchstaben im Rezept. Comment faire des crêpes :

Versez la f☐rine dans le sal☐dier. Fa☐tes un puits ☐t cas☐ez dedans les œufs. Ajoutez l'h☐ile, une pincée de se☐ et un peu de lait. Travail☐ez la pâte p☐ur la rendre légère. Ajoutez maintenant le la☐t peu à peu. La pâte à crêpe est prête !

Bringe die Buchstaben nun in die richtige Reihenfolge und du erhältst den Namen einer berühmten Fischsuppe aus Marseille: la b☐ ☐ ☐ ☐ ☐ ☐ b ☐ ☐ ☐ s ☐

À table. Complète. Ergänze.

Passe-__________ le beurre, s'il __________ __________ .

À votre __________ , monsieur.

Bon __________ !

Non, merci, je n'ai plus __________ .

Proverbes : Wie heißen folgende Sprichwörter auf Deutsch?

Celui qui ne veut pas travailler ne doit pas manger.	a. Hunger ist der beste Koch.
Qui fait la faute, la boive.	b. Wer sich die Suppe eingebrockt hat, soll sie auslöffeln.
Qui a faim, mange tout pain.	c. Viele Köche verderben den Brei.
Trop de cuisiniers gâtent la sauce.	d. Wer nicht arbeitet, soll auch nicht essen.

Lösungen:

1 1. c ; 2.a ; 3. b ; 4.a ; 5.a ; 6.a;

2 1. **Le poisson d'avril** est une plaisanterie du 1er avril, les autres sont des poissons.
2. **La crevette** est un petit crustacé, les autres sont des légumes.
3. **Le dîner** est un repas, on met les autres sur la table quand on met le couvert.
4. **Le jus d'orange** est une boisson froide, les autres sont des boissons chaudes.

3 Comment faire des crêpes : Versez la farine dans le saladier. Faites un puits et cassez dedans les œufs. Ajoutez l'huile, une pincée de sel et un peu de lait. Travaillez la pâte pour la rendre légère. Ajoutez maintenant le lait peu à peu. La pâte à crêpe est prête !
la bouillabaisse

4 1. Passe-moi le beurre, s'il te plaît. 2. À votre santé, monsieur. 3. Bon appétit. 4. Non, merci, je n'ai plus faim.

5 1. d.; 2. b.; 3. a.; 4. c.

DAS FRANZÖSISCHE SCHULSYSTEM

Die französische Schule ist eine Ganztagsschule und eine Gesamtschule, d.h. alle Kinder eines Jahrgangs besuchen denselben Schultyp. Nach 12 Jahren kommt man zum Abitur (le baccalauréat oder kurz le bac).

Es gibt sehr viele Schulzentren, bei denen die verschiedenen Schularten auf einem Gelände vereinigt sind. Ein solches Zentrum kann leicht mehrere Tausend Schüler haben. Die Gebäude sind deshalb oft nicht im besten Zustand, dies gilt auch für die sanitären Anlagen. Jede Schule hat eine Kantine, da die Mehrzahl der Schüler mittags in der Schule bleibt. Die Schulen sind in der Regel eingezäunt.

!

Vorsicht: le gymnase ist *die Turnhalle* und entspricht nicht dem Gymnasium!

Die Kinder werden mit sechs Jahren eingeschult, davor besuchen viele die école maternelle, was einer Vorschule entspricht. Schon ab vier Jahren beschäftigen sich die Schüler in Klassen mit Lesen und Schreiben.

Die école primaire (ou élémentaire) (Grundschule) dauert fünf Jahre und hat folgende Klassen: CP (cours préparatoire), CE1 und CE2 (cours élémentaire), CM1 und CM2 (cours moyen).

Danach gehen alle Schüler auf das vierjährige collège, dessen Klassen folgende Bezeichnungen haben: sixième, cinquième, quatrième, troisième. Achtung man zählt hier rückwärts! Am Ende des collège müssen alle Schüler eine Prüfung ablegen: le brevet des collèges. Das Diplom hat keinen sehr hohen Wert, soll aber die Schüler bereits auf die Prüfungssituation vorbereiten.

Damit endet die Schulpflicht.

Sehr viele Schüler besuchen danach das lycée, das drei Jahre umfasst: seconde, première, terminale und mit dem baccalauréat (bac) abgeschlossen wird Die Begriffe lycée und bac dürfen nur bedingt mit Gymnasium und Abitur gleichgesetzt werden, da es sehr viele verschiedene Typen mit unterschiedlichen Anforderungen gibt.

Anders als in Deutschland finden sowohl das brevet des collèges als auch das baccalauréat an fremden Schulen statt und sind von jeher zentral. Dort sitzt man mit Schülern aus anderen Schulen zusammen, die Prüfungen werden ebenfalls von fremden Lehrer korrigiert. Für das Abitur zählt nur die Prüfung und nicht das Jahr davor.

BERSICHT ÜBER DAS SCHULSYSTEM

Alter	Klasse	Schultyp
3	petite section	école maternelle
4	moyenne section	
5	grande section	
6	cours préparatoire (CP)	école primaire/ élémentaire
7	cours élémentaire 1 (CE 1)	
8	cours élémentaire 2 (CE 2)	
9	cours moyen 1 (CM 1)	
10	cours moyen 2 (CM 2)	
11/12	sixième (6ème)	collège
12/13	cinquième (5ème)	
13/14	quatrième (4ème)	
14/15	troisième (3ème)	
15/16	seconde (2nde)	lycée
16/17	première (1ière)	
17/18	terminale (T)	

Baccalauréat

DAS SCHULJAHR

Schule spielt im Leben der französischen Kinder und Jugendlichen eine große Rolle, aber das Thema Schule ist auch in der Öffentlichkeit präsent. Spätestens ab Mitte August sind in allen Supermärkten ganze Abteilungen nur mit Schulsachen zu finden: Büchertaschen und Hefte bzw. Papier, Übungsbücher und der Jahresplaner – l'agenda – den jeder Schüler besitzt, usw. In allen Medien hört man Werbung für la rentrée (Schulbeginn).

Das Schuljahr ist nicht wie bei uns in zwei Halbjahre aufgeteilt, sondern in 3 Trimester. Nach jedem Trimester gibt es ein Zeugnis.

DER SCHULALLTAG

Die französischen Schüler verbringen viel mehr Zeit in der Schule als die deutschen, das bedeutet aber nicht, dass sie mehr Unterricht haben. Der Unterrichtsbeginn ist nicht einheitlich geregelt (zwischen 8 und 9 Uhr). Unterrichtsende an der Grundschule ist 16.30, an allen anderen Schulen unterschiedlich: 17.30 / 18 Uhr.
Am Mittwochnachmittag ist in der Regel frei, aber dafür ist am Samstagvormittag oft Unterricht bis 12 / 12.30 Uhr. Viele Grundschulen haben den Mittwoch ganz frei und es gibt auch Grundschulen mit einer 4-Tage-Woche.

Die Schüler haben während ihres langen Schultages auch Freistunden, die sie auf dem Schulgelände oder in einem Raum, in dem sie Hausaufgaben machen können – la permanence – verbringen. Den Schülern steht auch eine Bibliothek – le CDI (centre de documentation et d'information) – zur Verfügung, wo sie Material (nicht nur Bücher, sondern auch audiovisuelle Medien) zur Vorbereitung von Referaten finden.
Ein Angestellter – le, la documentaliste – berät sie bei Fragen und Schwierigkeiten.

Pausenaufsichten sind in Frankreich nicht Sache der Lehrer, dafür gibt es die surveillants, von den Schülern pions genannt, oft Studenten, die auf diese Weise ein bisschen Geld verdienen.

Schuleschwänzen – faire l'école buissonnière oder sécher les cours – ist ein Problem, man schätzt die Schwänzer auf 12-15% und die französische Regierung überlegt, ob Strafen für Eltern, die ihre Kinder nicht regelmäßig zur Schule schicken, sinnvoll sind.

ᴉENDUNGEN

·ous avons cours de 8 heures 30 à 16 heures 30.	*Wir haben von 8.30 bis 16.30 Unterricht.*
ai mal au cœur, je vais à l'infirmerie.	*Mir ist schlecht, ich gehe auf die Krankenstation.*
les parents veulent parler avec le proviseur à cause de mon comportement.	*Meine Eltern wollen wegen meines Verhaltens mit dem Direktor sprechen.*
e matin, j'ai raté mon car, et je suis entré en classe avec 25 minutes de retard.	*Heute früh habe ich meinen Bus verpasst und bin 25 Minuten zu spät in den Unterricht gekommen.*
u'est-ce vous faites pendant les vacances de Noël ?	*Was macht ihr in den Weihnachtsferien?*
u'est-ce qu'on fait après les cours ?	*Was machen wir nach der Schule?*
ı peux me prêter ton livre / ton cahier / ton classeur ?	*Kannst du mir dein Buch / dein Heft / deinen Ordner leihen?*

VORTSCHATZ

enseignement (m)	*Unterrichtswesen*
nseigner	*unterrichten*
enseignant, e	*Lehrer* (allgemein)
:, la professeur (le prof, la prof)	*Lehrer / -in an der höheren Schule*
:s études dirigées	*Hausaufgabenbetreuung*
:, la professeur des écoles (l'instituteur, trice)	*Grundschullehrer*
: proviseur	*Direktor* (im lycée)
: principal	*Direktor* (im collège)
l'infirmière (f)	*Krankenschwester*
le, la pion, ne (fam.)	*Aufpasser*
l'emploi du temps (m)	*Stundenplan*
le bulletin	*Zeugnis*
le, la surveillant, e	*Aufsicht*
la salle de classe	*Klassenzimmer*
en classe	*im Unterricht*
la salle des profs	*Lehrerzimmer*
la cour	*Hof*
le préau	*überdachter Pausenhof*

DER UNTERRICHT

Eine französische Schulstunde dauert normalerweise 55 Minuten. Es gibt jeweils eine Pause am Vormittag und eine am Nachmittag, die 15 oder 20 Minuten dauert.

Die Noten gehen von 0-20, dabei ist 0 die schlechteste Note und 20 die beste. Die Bestnote wird nie gegeben, normalerweise gibt es nicht mehr als 17 (gesprochen dix-sept sur vingt).

Trotz des langen Unterrichtstages gibt es noch Hausaufgaben (les devoirs). Es ist nicht selten, dass Schüler bis 10 Uhr abends über den Hausaufgaben sitzen.

Die Zahl der Klassenarbeiten ist nicht geregelt, die Lehrer sind frei in ihrer Entscheidung, aber man kann von drei pro Fach und Trimester ausgehen.

Unangekündigte Kurztests werden wie in Deutschland gehandhabt.

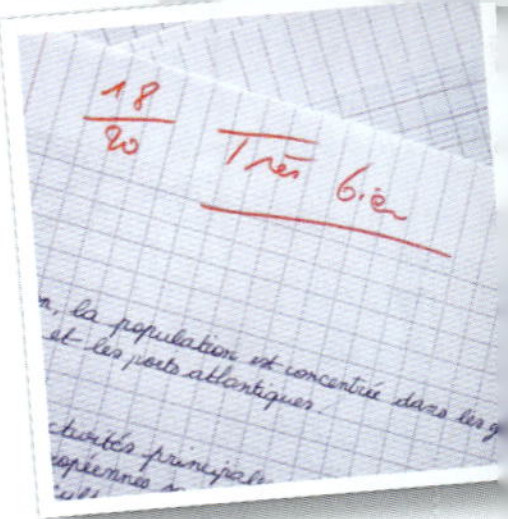

Vor dem eigentlichen Abitur schreiben die Schüler eine Art Probeabitur: le bac blanc. Im Abitur selbst dürfen sie nicht weniger als 8 sur 20 haben, sonst werden sie nicht zum Mündlichen zugelassen.

Der Unterricht ist fast ausschließlich Frontalunterricht, die Schüler schreiben in ihre Hefte. Bei Klassenarbeiten und Prüfungen reproduzieren sie das Gelernte möglichst genau.

AKTIVITÄTEN

Wie in Deutschland auch, gibt es im Verlauf des Schuljahres Aktivitäten wie Ausflüge, Fahrten oder Austauschprogramme. Schon die Allerkleinsten gehen mit ihren Betreuern in Museen und werden dort kindgemäß mit Kunst und Kultur vertraut gemacht. Dies setzt sich dann in den höheren Klassen fort. Die Fremdsprachenlehrer organisieren oft Mehrtagesfahrten in das entsprechende Ausland oder haben einen Austausch mit einer Schule.

Auch veranstalten viele Schulen einen Tag der offenen Tür (une journée portes ouvertes) oder ein Schulfest am Ende des Schuljahres la fête de l'école

ENDUNGEN

s ont une nouvelle prof d'anglais.	*Sie haben eine neue Englischlehrerin.*
ime beaucoup les maths, mais je déteste l'anglais.	*Ich mag Mathe, aber Englisch verabscheue ich.*
ne suis pas doué en langues.	*Für Sprachen bin ich nicht begabt.*
emain, nous avons une interro de maths.	*Morgen schreiben wir eine Mathearbeit.*
i rendu copie blanche.	*Ich habe ein leeres Blatt abgegeben.*
ue vont dire mes parents ?	*Was werden meine Eltern sagen?*
as déjà fait les devoirs d'allemand ?	*Hast du schon deine Deutschhausaufgabe gemacht?*
prof d'histoire-géo est malade.	*Unser Lehrer für Geschichte-Geographie ist krank.*
est fort en maths, mais nul en anglais.	*Er ist gut in Mathe, aber eine Niete in Englisch.*

ORTSCHATZ

matière	*Schulfach*
français	*Französisch*
philosophie (la philo)	*Philosophie*
llemand (m)	*Deutsch*
nglais (m)	*Englisch*
s mathématiques (les maths)	*Mathematik*
s sciences nat(urelles)	*Naturwissenschaften*
VT (science de la vie et de la terre)	*Biologie*
rétroprojecteur	*Tageslichtprojektor*
histoire-géo(graphie) (f)	*Geschichte-Geographie*
sport	*Sport*
les devoirs	*Hausaufgaben*
la récréation (la récré)	*Pause*
l'interclasse (m)	*Pause zwischen 2 Std.*
une interrogation (une interro)	*Schulaufgabe, Klassenarbeit*
le contrôle / le devoir sur table	*Klassenarbeit, Schulaufgabe*
le contrôle surprise	*unangekündigte Kurztest*
le tableau	*Tafel*
la craie	*Kreide*
la trousse	*Federmäppchen*
la copie	*Schulaufgabenblatt*

1 Ergänze das Kreuzworträtsel mit der französischen Übersetzung der deutschen Begriffe.

1. Hausaufgaben
2. Heft
3. Tafel
4. Abi
5. Hof
6. Lehrer
7. Direktor am lycée
8. Ferien

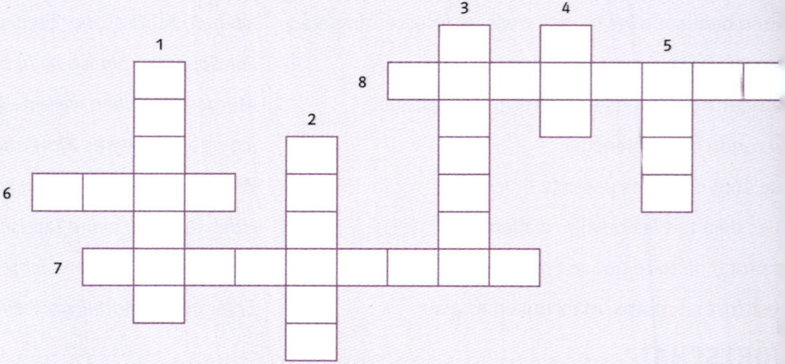

2 De quel cours s'agit-il ? Um welches Fach geht es?

1. Le prof parle de la découverte de l'Amérique par Christophe Colomb. C'est le cours d' __________
2. On parle de l'électricité, de M. Ampère, M. Volta etc. C'est le cours de __________
3. Les élèves font des équations : 3x + 2y = … C'est le cours de __________
4. On parle de Darwin et sa théorie sur l'évolution. C'est le cours de __________
5. Le prof parle d'Aristote, de Rousseau, de Nietzsche. C'est le cours de __________
6. Les élèves jouent au volley-ball. C'est le cours de __________
7. On traduit des textes de Cicéron, Jules César et d'autres auteurs. C'est le cours de __________

Bringe den Dialog in die richtige Reihenfolge, indem du die Sätze nummerierst.

☐ a. Non, pas tellement. L'interro de maths était la catastrophe.

☐ b. Salut les filles, ça va ?

☐ c. Ben oui, mais on a eu beaucoup de répétitions pour notre pièce de théâtre. Alors, les maths…

☐ d. Et pourquoi ça ?

☐ e. Bien sûr. C'est génial !

☐ f. Ah, je comprends. Mais oubliez les maths. Ce soir, il y a une boum chez Jérémy. Vous venez ?

☐ g. Parce que nous avons rendu copie blanche.

☐ h. Toutes les deux ? Mais vous aimez les maths, non ?

Le mercredi de Julien. Ergänze mit den Wörtern in Klammern.

lien se lève sept heures, il va dans ____________________ (Bad), après il prend son ____________________ (Frühstück) avec sa famille. Il quitte la maison et va à ____________________ ushaltestelle). D'abord, il a un cours d' ____________________ (Geschichte). orès, deux heures de sport, puis un cours de ____________________ (Naturwissenschaft). ais l'après-midi, il est libre, et il va à la MJC avec les copains. Là, ils font un cours de danse. sept heures, il va à la maison pour aider sa mère à préparer le ____________________ (Abendessen).

Lösungen:

1 1. devoirs; 2. cahier; 3. tableau; 4. bac; 5. cour; 6. prof; 7. proviseur; 8. vacances

2 1. histoire-géo; 2. physique; 3. maths; 4. biologie / SVT; 5. philo; 6. sport / EPS; 7. latin

3 2a. – 1b. – 6c. – 3d. – 8e. – 7f. – 4g. – 5h.

4 la salle de bains; petit déjeuner; l'arrêt de bus; histoire; sciences naturelles; dîner

POST

Auch wenn du nur einige Tage in Frankreich bist und trotz moderner Kommunikation wie WhatsApp, kann es ganz nett sein, mal wieder eine Postkarte an deine Eltern, Verwandte oder Freunde zu schicken. Es ist nicht schwierig, welche zu finden, allerdings gibt es Preisunterschiede. Der Normalpreis sind 40 Cent (quarante centimes), es lohnt sich aber, nicht gleich am ersten Tag 20 Stück zu kaufen. Gerade in der Nähe der Touristensehenswürdigkeiten stehen Händler, die Karten sehr günstig im Zehnerpack verkaufen.

Briefmarken gibt es natürlich auf der Post (oft lange Wartezeiten) und den agences postales, im bureau de tabac, oft aber auch in den Zeitungsgeschäften oder Souvenirläden, die auch die Karten verkaufen.

In Frankreich ist das Porto für Briefe und Postkarten dasselbe, allerdings gibt es ein Inlands- und Auslandsporto. Briefmarken fürs Ausland (EU und Schweiz) kosten ca. 1,30 € (Stand 2020).

Neu ist die lettre verte (97 centimes), also ‚grüner Brief', der billiger und ökologischer ist, er wird nicht per Flugzeug transportiert.

Die Briefkästen sind gelb, haben aber oft zwei Schli ze, einen nur für Sendungen in das Departement, in dem man gerade ist, der andere für autres destinations. Du solltest deine Postkarten für Deutschland also immer dort einwerfen.

[W]ENDUNGEN

[C]ombien coûtent les cartes postales ?	*Was kosten die Postkarten?*
[J']ai besoin de timbres.	*Ich brauche Briefmarken.*
[O]ù est-ce qu'il y a un bureau de poste ?	*Wo ist ein Postamt?*
[L]a poste est fermée. Est-ce qu'il y a une autre possibilité d'acheter des timbres ?	*Die Post hat zu. Gibt es eine andere Möglichkeit, Briefmarken zu kaufen?*
[J']ai besoin de timbres pour l'Allemagne / l'Europe / les États-Unis etc.	*Ich brauche Briefmarken für Deutschland / Europa / USA etc.*
[J]e voudrais dix timbres à 1,30 euro.	*Ich hätte gerne zehn Briefmarken zu 1,30 Euro.*
[J]e voudrais dix timbres à 95 centimes.	*Ich hätte gern 10 Briefmarken zu 95 Cent.*
[E]st-ce qu'il y a une boîte aux lettres près d'ici ?	*Gibt es hier in der Nähe einen Briefkasten?*

[W]ORTSCHATZ

[la] poste	*Postamt*	le timbre	*Briefmarke*
[le] bureau de poste	*Postamt*	le carnet de timbres	*Briefmarkenheftchen*
[le] courrier	*Post* (Briefe, Karten usw.)	le tarif postal	*Posttarife*
[le] bureau de tabac	*Tabakladen*	la carte postale	*Postkarte*
[la] boîte aux lettres	*Briefkasten*	le code postal	*Postleitzahl*
[la] lettre	*Brief*	le destinataire	*Empfänger*
[l']enveloppe (f)	*Umschlag*	l'expéditeur (m)	*Absender*
[l']adresse (f)	*Adresse*	le cyber-café	*Internetcafé*

In Deutschland benutzt man im Computer-Bereich sehr viele englische Begriffe, in Frankreich ist das nicht unbedingt so. Das fängt damit an, dass der Computer - im Gegensatz zu vielen anderen Sprachen - l'ordinateur (m) oder kurz ordi heißt.
Da du in deiner Gastfamilie vielleicht den Computer benutzen willst, ist es gut, über ein paar wichtige Unterschiede Bescheid zu wissen. Die französische Tastatur – genannt AZERTY wegen der Reihenfolge der ersten Buchstabenreihe links (im Gegensatz zur deutschen QWERTZ-Tastatur) - hat eine andere Anordnung der Buchstaben, die deutschen Buchstaben fehlen (Umlaute als ae, oe, ue und scharfes ß als ss schreiben oder unter Sonderzeichen suchen), dafür haben é und ç, œ eigene Tasten usw.

Das @-Zeichen hat im Französische auch einen eigenen Namen: l'arobase (m). Und so spricht man eine E-Mail-Adresse:
eric.legrand@orange.fr
eric – point – legrand - arobase- orange – point – f-r
martine_boirot@wanadoo.fr
martine – tiret bas – boirot – arobase – wanadoo – point – f-r

Auch sehr viele französische Jugendliche sind in de weltweiten sozialen Netzwerken unterwegs. Dies is ebenfalls eine Möglichkeit, weiter den Kontakt zu deinem Austauschpartner oder zu neuen Freunden aufrecht zu erhalten:
Tu es sur Facebook ?
Bist du auch bei Facebook?
Je te mets sur ma liste d'amis.
Ich bestätige deine Freundschaftsanfrage.
Tu es abonné à quels canaux You Tube?
Welche YouTube Kanäle hast Du abonniert?
Je vais t'ajouter à notre groupe WhatsApp.
Ich füge Dich zu unserer WhatsApp Gruppe hinzu.

ARDWARE - LE MATÉRIEL

clavier	*Tastatur*			la clé USB	*USB-Stick*
disque dur	*Festplatte*			l'écran (plat) (m)	*(Flach)bildschirm*
mprimante (f)	*Drucker*	imprimer	*ausdrucken*	la souris	*Maus*

M COMPUTER ARBEITEN · TRAVAILLER SUR L'ORDINATEUR

nvoyer	*schicken*	sauvegarder	*abspeichern, sichern*
iquer sur	*klicken auf*	effacer	*löschen*
per (sur une touche)	*tippen / auf eine Taste drücken*	tchatter	*chatten*
lécharger	*herunterladen*	le fichier	*Datei*

INE E-MAIL SCHREIBEN - ÉCRIRE UN E-MAIL

adresse électronique (f)	*E-Mail-Adresse*
courrier électronique / l'e-mail (m) / le mail	*E-Mail*
courriel	*E-mail* [entstanden aus der Verkürzung von courrier électronique]
sujet	*Betreff*
ansférer	*weiterleiten*
mot de passe	*Passwort*
pièce jointe	*Anhang*

NTERNET - L'INTERNET (M)

n ligne	*online*	le site (internet)	*Internetseite*
Wifi	*WLAN*	naviguer sur Internet / le net	*im Internet surfen*
lien	*Link*	sur la toile	*im Netz*
moteur de recherche	*Suchmaschine*		

TELEFONIEREN NACH FRANKREICH

Wenn du von Deutschland nach Frankreich telefonieren willst, empfiehlt es sich, eine sog. Billignummer zu benutzen, die man in der Tageszeitung oder im Internet findet; der Minutenpreis liegt dann meist unter 2 Cent. Danach musst du die Vorwahl für Frankreich – 0033 – wählen, dann die Nummer des Teilnehmers ohne die 0 am Anfang. Seit 1996 hat in Frankreich jeder Festnetzanschluss eine zehnstellige Nummer, die mit 01 beginnt für Paris und Umland, 02 für den Nordwesten (z. B. Brest), 03 für den Nordosten (z. B. Lille), 04 für den Südosten (z. B. Marseille) und 05 für den Südwesten (z. B. Toulouse). Mit 06 oder 07 fangen dagegen französische Handy-Nummern an. Der französische Teilnehmer wird sich mit Allô ? melden, ein Wort, das nur am Telefon benutzt wird!

TELEFONIEREN IN FRANKREICH

Von einem französischen Festnetzanschluss wählt man zunächst die Vorwahl für Deutschland – 0049 – dann die Vorwahlnummer des Teilnehmers ohne die 0, also 0049-89 für München.

Du kannst deine Gastfamilie höflich darum bitten, kurz zuhause anrufen zu dürfen, um zu sagen, dass du gut angekommen bist. Deine Eltern können dich dann zurückrufen.

Mittlerweile gibt es kaum noch öffentliche Telefonzellen, da fast 85 % der Franzosen ein oder mehrere Handys haben. Übrigens, in einer aktuellen Umfrage hat ein Drittel der Jugendlichen zwischen 15 und 19 Jahren erklärt, „nomophobe" zu sein. Du weißt nicht, was das ist? - Ganz einfach, es ist die Angst davor, das Handy zu verlieren bzw. einen Tag ohne Handy auskommen zu müssen!

ENDUNGEN

onjour, Madame. C'est Christoph Müller à l'appareil.	*Guten Tag, hier spricht Christoph Müller.*
voudrais parler à votre fils Frédéric.	*Ich möchte Ihren Sohn Frédéric sprechen.*
ardon, Monsieur, je me suis trompé de numéro.	*Entschuldigung, ich habe mich verwählt.*
t'appelle ce soir.	*Ich rufe dich heute Abend an.*
asse-moi un coup de fil, s'il te plaît.	*Ruf mich bitte an!*
ai essayé d'appeler, mais c'était toujours occupé.	*Ich habe versucht anzurufen, aber es war immer belegt.*
e quittez pas, …	*Bleiben Sie dran, …*
vient de partir. Appelle-le sur son portable.	*Er ist gerade weg. Ruf ihn doch auf dem Handy an.*

Bonjour,
vous êtes bien au 04 76 98 43 50.
Je suis absent / e pour le moment, mais vous pouvez laisser un message après le bip sonore.

ORTSCHATZ

téléphone sonne	*das Telefon klingelt*		
léphoner à qn / appeler qn	*jdn. anrufen*		
appel (m) / le coup de fil	*Anruf*	le répondeur	*Anrufbeantworter*
omposer un numéro	*Nummer wählen*	le numéro vert	*kostenlose Nummer*
écrocher (le combiné)	*Hörer abnehmen*	un annuaire	*Telefonbuch*
touche	*Taste*	les pages jaunes	*Gelbe Seiten*
accrocher	*auflegen*	se tromper de numéro	*sich verwählen*

ANRUFE UND SMS MIT DEM HANDY

Da die Roaming-Gebühren in der EU mittlerweile abgeschafft wurden, kannst du wahrscheinlich dein Handy in Frankreich zu den gleichen Kosten wie in Deutschland nutzen. Schaue aber sicherheitshalber vor der Abreise in deinem Vertrag nach. Normalerweise schickt dir aber auch dein Mobilfunkanbieter sofort eine SMS mit den Tarifinformationen, sobald du über die Grenze gefahren bist.

HANDY - VIELSEITIG NUTZBAR

Was man mit dem Handy alles machen kann, weißt du sicherlich, aber weißt du auch, wie es auf Französisch heißt?

envoyer des SMS / des textos / des messages	*eine SMS / eine Nachricht schicken*
écouter de la musique	*Musik hören*
se connecter à Internet	*ins Internet gehen*
prendre et envoyer des photos / vidéos	*Fotos / Videos machen und verschicken*
jouer à des jeux	*Spiele spielen*
faire une déclaration (d'amour) par SMS	*eine Liebeserklärung per SMS machen*
rompre par SMS	*per SMS Schluss machen*
la messagerie	*Mailbox*

Für die Verwendung von Handys gilt in Frankreich das Gleiche wie in Deutschland: an einem öffentlichen Ort (Bus, Geschäft etc.) spricht man so, dass man niemanden stört. Der Gebrauch des Handys in der Schule ist bis 15 Jahren mittlerweile verboten. Das gilt auch für Schulausflüge. Über das Verbot an weiterführenden Schulen entscheidet jede Schule selbst.

Die beliebten Kurznachrichten sind auf Französisch manchmal etwas schwierig zu entschlüsseln. Es hilft jedoch, wenn du versuchst, die Buchstaben laut auf Französisch zu lesen. Die wichtigsten Abkürzungen findest du auf der nächsten Seite.

E SMS / LE TEXTO/WHATSAPP

ı Kurznachrichten werden viele Abkürzungen oder Vereinfachungen in Form von Zahlen und Einzelbuchstaben erwendet.

slt = salut	G = j'ai
stp = s'il te plaît	L = elle
pq = pourquoi	M = aime
qc = quelque chose	jtm = je t'aime
rdv = rendez-vous	C = c'est, ces
bcp = beaucoup	T = t'es (tu es)
tt = tout	1 = un / in- / -ain-
mdr = mort de rire	2 = de
tlm = tout le monde	GHT = j'ai acheté
dsl = désolé(e)	KDO = cadeau
mr6 = merci	OQP = occupé
p-ê = peut-être	2m1 = demain
@+ oder a+ = à plus	

VÖRTER UND WENDUNGEN

e portable	*Handy*
a sonnerie	*Klingelton*
a SMS / le texto	*SMS*
ne appli	*App*
e message	*Nachricht*
a tablette	*Tablet-PC*
a console de jeux vidéo	*Spielekonsole*

ZEITUNGEN, ZEITSCHRIFTEN

Es gibt in Frankreich sehr viele Presseerzeugnisse, d.h. Tageszeitungen, Wochen- und Monatszeitschriften. Einen sehr großen Raum nehmen Fernseh-, Freizeit- und Computerzeitschriften ein. Daneben gibt es Zeitschriften für praktisch jede Altersstufe, jedes Hobby und die verschiedensten Wissenschaftsmagazine.

Unter den nationalen Zeitungen sind die wichtigsten Le Monde, Libération, Le Figaro. Bei den regionalen Zeitungen sind die bekanntesten Ouest-France (für den Nord-Westen), La Dépêche du Midi (Toulouse). L'Équipe dagegen ist die wichtigste Sportzeitung. Daneben gibt es aber auch einige kostenlose Publikation z. B. 20 Minutes oder Metro.

In Frankreich werden Zeitungen vor allem in Zeitschriftenläden (maison de la presse) oder am Kiosk gekauft, auch die meisten Supermärkte haben eine Zeitungsabteilung. In Deutschland gibt es dagegen mehr Abonnenten, vor allem bei Tageszeitungen.

Es gibt auch sehr viele Zeitschriften, wie z. B. le Nouvel Observateur, L'Express, Le Point. Klatsch und Tratsch findet man z. B. in Paris-Match, Voici etc. Auch für Kinder (bereits für die Altersstufe 6 Monate bis 2 Jahre) gibt es eigene Zeitschriften wie Papoum, Pomme d'Api, ebenso für Jugendliche: Phosphore, Géo Ado, Science et vie junior, Okapi, Les dossiers de l'actualité, Mon quotidien und viele mehr, die teilweise durchaus in hoher Auflage erscheinen.

FERNSEHEN

Die wichtigsten französischen Fernsehsender sind: TF1, France 2, M 6, Canal+ (Pay-TV), France 5, Arte (deutsch- französisch), die Regionalsender France 3 u. v. a. Um 20 Uhr fängt die Hauptnachrichtensendung an, Filme beginnen im Allgemeinen erst um 20 Uhr 40. Daneben gibt es jede Menge Shows, Serien, Quizsendungen (z. B. Qui veut gagner des millions ?) Und immer wieder Pub (Werbung).

!

Über eine Suchmaschine findest du die Internetseiten der wichtigsten Zeitungen, Zeitschriften, Radio- und Fernsehsender. Wenn du eine französische Zeitung lesen möchtest, dann versuche es doch mit einer regionalen Zeitung, die ist meist sprachlich einfacher.

ENDUNGEN

tends une minute, je vais m'acheter un journal au kiosque.	*Warte eine Minute, ich kaufe mir eine Zeitung am Kiosk.*
vais m'abonner à cette revue, je la trouve ntéressante.	*Ich werde diese Zeitschrift abonnieren, ich finde sie interessant.*
e soir, il faut absolument regarder le JT. (journal télévisé)	*Heute Abend müssen wir unbedingt die Nachrichten anschauen.*
u'est-ce qu'il y a à la télé ce soir ?	*Was gibt es heute Abend im Fernsehen?*
n'aime pas tellement les polars.	*Ich mag Krimis nicht besonders.*
e soir commence la nouvelle saison de Star Academy.	*Heute fängt die neue Staffel von Star Academy an.*

ORTSCHATZ

s médias	*Medien*	la télé(vision)	*Fernsehen*
presse	*Presse*	la chaîne	*Fernsehsender*
quotidien	*Tageszeitung*	le poste de télévision	*Fernsehapparat*
journal	*Zeitung*	l'ecran (m)	*Bildschirm*
revue / le magazine	*Zeitschrift*	la pub(licité)	*Werbung*
ebdomadaire (m)	*Wochenzeitschrift*	une émission	*Sendung*
mensuel	*Monatszeitschrift*	le téléspectateur	*Zuschauer*
bimensuel	*14-tägig erscheinende Zeitschrift*	le présentateur	*Ansager*
presse féminine	*Frauenzeitschriften*	l'antenne parabolique (f)	*Satellitenschüssel*
s gros titres	*Schlagzeilen*	en direct	*live*
une	*Titelseite*	la télé-réalité	*Reality-TV*
abonner à un journal	*eine Zeitung abonnieren*	les informations (infos)	*Nachrichten*

1 Cherche l'intrus. Welches Wort passt nicht zu den anderen?

1. lettre – carte postale – journal – enveloppe – timbre – adresse
2. portable – téléphone fixe – répondeur – annuaire – écran
3. présentatrice – spectateur – programme – lecteur – chaîne télévisée
4. revue – mensuel – journal – cahier – hebdomadaire – la une

2 Verstehst du die SMS von Benjamin an Julie und ihre Antwort?

1. Slt. Koi 2 9? TOK? Rdv o 6né a 8 h? RSTP. Benjamin.

   ____

2. C 5 pa. DAK, je vi1. A+. Julie.

   ____

3 Les abréviations. Man verwendet in Frankreich oft Abkürzungen, doch wie heißt das Wort richtig?

1. la télé ______________________________
2. les infos ______________________________
3. la pub ______________________________
4. le JT ______________________________

Chez le marchand de journaux, on a l'embarras du choix. Beim Zeitungshändler hat man die Qual der Wahl. Hilf den Personen bei der Suche nach der richtigen Zeitung.

Mme Lemerrère regarde la presse féminine et prend	a. 20 Minutes.
La mamie prend pour son petit-fils	b. Le Monde.
Nicolas, 16 ans, très sportif, prend	c. Marie Claire.
Le prof veut être informé, il prend	d. La Dépêche du Midi.
Mme Girard, toulousaine, prend	e. L'Équipe.
Arnaud, clochard de Paris, prend	f. Papoum.

Dialogue au téléphone. Mets-le dans le bon ordre. Bringe den Dialog in die richtige Reihenfolge, indem du die Sätze nummerierst.

- ☐ a. Tu veux lui laisser un message ?
- ☐ b. Ah, je dirais vers 19 heures. Tu le rappelles ?
- ☐ c. Allô.
- ☐ d. Et quand est-ce qu'il rentre ?
- ☐ e. Ah non, je regrette, il est à la MJC.
- ☐ f. Bonsoir. C'est Markus Schmidt, le corres de Nicolas. Il est là ?
- ☐ g. Non, merci, madame, on se retrouve ce soir à la maison.
- ☐ h. C'est trop tard. Je vais au cinéma avec les autres.

Lösungen:

1 1. **Le journal**, les autres sont des mots qui parlent de la poste.
2. **Écran** est un mot concernant la télé, les autres mots concernent le téléphone.
3. **Le lecteur** lit un livre, un journal etc. Les autres mots concernent la télé.
4. **Le cahier** n'a rien à voir avec la presse.

2 Salut. Quoi de neuf? Tu es ok ? Rendez-vous au ciné(ma) à 8 heures ? Réponds, s'il te plaît. Benjamin.
C'est sympa. D'accord, je viens. À plus (tard). Julie.

3 1. la télévision; 2. les informations; 3. la publicité; 4. le journal télévisé

4 1. c.; 2. f.; 3. e.; 4. b.; 5. d.; 6. a.;

5 7a. – 5b. – 1c. – 4d. – 3e. – 2f. – 8g. – 6h.

EINE EINLADUNG

Wenn man eingeladen ist, ist es in Frankreich üblich, ein bisschen zu spät zu kommen. Vor der vereinbarten Zeit zu kommen, gilt als unhöflich.

Die Gäste bringen ein kleines Geschenk mit – meistens Süßigkeiten oder Blumen für die Gastgeberin – wobei die Blumen im Papier überreicht werden. Wenn man ein Geschenk bekommt, erwartet der Schenkende, dass man es sofort auspackt.

FEIERTAGE

Namenstag: Obwohl viele Franzosen nicht sehr religiös sind, hat der Namenstag eine größere Bedeutung als in Deutschland. Einige Fernsehsender weisen nach den Nachrichten auf den Namenspatron des nächsten Tages hin.

Weihnachten – Noël: Am 24. Dezember – la veille de Noël – versammelt sich die Familie zu einem großen Abendessen, dem so genannten réveillon, bei dem es Spezialitäten z. B. Geflügelleberpastete, Meeresfrüchte, Truthahn und den traditionellen Weihnachtskuchen, la bûche de Noël gibt. Die Geschenke gibt's aber erst am 25. Dezember vom Weihnachtsmann (Père Noël).

Silvester und Neujahr – La Saint-Sylvestre et le jour de l'An: An Silvester gibt es ebenfalls ein großes Essen, diesmal aber eher mit Freunden und im Restaurant. Im Januar verschickt man die Glückwünsche fürs Neue Jahr, Weihnachtskarten sind eher unüblich.

Dreikönig (6. Januar) – l'Épiphanie: An diesem Tag isst man einen Kuchen, la galette des rois, in dem eine Bohne (la fève, früher echt, heute eine Figur aus Plastik oder Keramik) versteckt ist. Wer sie in seinem Stück findet, ist der König und bekommt eine Krone, das nennt man tirer les rois.

Fasching, Karneval – le Carnaval: In Frankreich spielt Karneval nur in wenigen Gegenden eine größere Rolle. Bekannt sind aber der Karneval von Nice an der Côte d'Azur und der Karneval von Dunkerque im Norden.

Ostern – Pâques: Ostereier werden in Frankreich nicht vom Osterhasen gebracht (außer im Elsass), sondern von den Kirchenglocken, die am Gründonnerstag nach Rom fliegen und bei ihrer Rückkehr Eier, Glöckchen, Hühner und Fische aus Schokolade fallen lassen.

1. Mai – le 1er mai: An diesem „Tag der Arbeit" (Feiertag) schenkt man sich Maiglöckchen als Glücksbringer.

14. Juli – le 14 juillet: Zum französischen Nationalfeiertag findet in Paris eine große Militärparade statt, abends gibt es in vielen Städten ein Feuerwerk und meist auch große Bälle.

LÜCKWÜNSCHE ZU DEN FEIERTAGEN

Les galettes des rois

onne fête.	*Schönes Fest / Namenstag.*
on / Joyeux anniversaire.	*Herzlichen Glückwunsch zum Geburtstag.*
yeux Noël et Bonne Année !	*Fröhliche Weihnachten und gutes Neues Jahr!*
yeuses Pâques.	*Frohe Ostern.*
les meilleurs vœux pour…	*Meine besten Wünsche zu …*
élicitations !	*Glückwunsch!*

ÜNSCHE FÜRS GANZE JAHR

onne chance !	*Viel Glück.*	Bonne route !	*Gute Fahrt.*
on travail !	*Viel Spaß bei der Arbeit.*	Bon courage !	*Halt die Ohren steif! / Viel Glück! / Viel Erfolg!*
on voyage !	*Gute Reise.*	Bon rétablissement !	*Gute Besserung!*

ORTSCHATZ

nvité, e	*Gast*	les huîtres	*Austern*
nvitation (f)	*Einladung*	les escargots (m)	*Schnecken*
cadeau	*Geschenk*	le foie gras	*Gänse-/Entenleberpastete*
anniversaire (m)	*Geburtstag*	les fruits de mer	*Meeresfrüchte*
fête	*Fest, Namenstag*	la dinde, le dindon	*Truthahn*
arbre (m) / le sapin de Noël	*Weihnachtsbaum*	la galette des rois	*Brioche oder Blätterteig-Marzipan-Kuchen*
crèche	*Krippe*	le muguet	*Maiglöckchen*

DIE FAMILIE

Für Franzosen spielt die Familie, nicht nur im Sinn von Eltern und Kindern, eine große Rolle. Sie pflegen mehr Kontakt mit den Verwandten als die Deutschen und verbringen zum Teil auch die Ferien zusammen.

Die Geburtenrate in Frankreich liegt bei 1,9 Kindern, damit liegt Frankreich in Europa an der Spitze, während Deutschland mit 1,6 Kindern pro Frau unterdurchschnittlich ist. Grund dafür ist unter anderem die Tatsache, dass französische Frauen Berufstätigkeit und Familie leichter vereinbaren können. Immerhin sind in Frankreich 83% der Frauen zwischen 25 und 49 Jahren berufstätig, und zwar meist in Vollzeit, während in Deutschland viele Frauen Teilzeit arbeiten. Von den unter Dreijährigen werden in Frankreich um die 50 % außerhalb der Familie betreut (Krippe, Tagesmutter), in Deutschland ist diese Rate sehr viel niedriger. Der französische Staat trägt durch seine Familienpolitik, d.h. dadurch, dass er die Strukturen anbietet, dazu bei: Kinderkrippe (la crèche), Vorschule (école maternelle), Ganztagsschule, Freizeitangebote (MJC, centres aérés, séjours de vacances) …

Allerdings gibt es auch in Frankreich nicht nur die traditionelle Familie, d.h. mit offizieller Eheschließung. Viele Paare leben unverheiratet zusammen (l'union libre) bzw. in einer offiziellen eheähnlichen Gemeinschaft, Pacs genannt (pacte civil de solidarité). Diese wurde 1999 geschaffen und ist vor allem auch für homosexuelle Paare interessant, da die Gemeinschaft juristisch anerkannt ist. Anfang 2010 hatte die Anzahl dieser eingetragenen Lebenspartnerschaften bereits die Millionengrenze überschritten, gleichzeitig geht die Zahl der Eheschließungen zurück.

Das Familienleben findet wegen der Berufstätigkeit der Eltern und der langen Abwesenheit der Kinder durch Vorschule und Ganztagsschule vermehrt am Wochenende statt. Dazu gehören gemeinsame Mahlzeiten, die dann viel länger dauern als in Deutschland üblich.

ES MEMBRES DE LA FAMILLE

mari	*Ehemann*
femme	*Frau, Ehefrau*
compagnon, la compagne	*Lebenspartner / in*
mère, le père	*Mutter, Vater*
s parents	*Eltern*
fils, la fille	*Sohn, Tochter*
frère, la sœur	*Bruder, Schwester*
s frères et sœurs	*Geschwister*
demi-frère	*Halbbruder*
demi-sœur	*Halbschwester*
tante, la tata	*Tante*
grand-mère, la mamie	*Großmutter, Oma*
grand-père, le papy	*Großvater, Opa*
s grands-parents	*Großeltern*
ncle (m), le tonton	*Onkel*

Die angeheirateten Familienmitglieder werden meist mit dem Adjektiv „schön" gebildet:

la belle-mère	*Schwiegermutter* (auch: *Stiefmutter*)
le beau-père	*Schwiegervater* (auch: *Stiefvater*)
les beaux-parents	*Schwiegereltern* (auch: *Stiefeltern*)
le beau-frère	*Schwager*
la belle-sœur	*Schwägerin*
la belle-fille, la bru	*Schwiegertochter*
le gendre	*Schwiegersohn*

le cousin, la cousine	*Cousin, Cousine*
le neveu, la nièce	*Neffe, Nichte*
le petit-fils, la petite-fille	*Enkel, -in*
la nounou	*Tagesmutter*

VORTSCHATZ

e marier avec qn, épouser qn	*jdn. heiraten*
mariage	*Ehe, Hochzeit*
tre enceinte	*schwanger sein*
ttendre un enfant	*ein Kind erwarten*
famille monoparentale	*alleinerziehend*
mère au foyer	*nicht berufstätige Mutter*
naître	*geboren werden*
la naissance	*Geburt*
le divorce	*Scheidung*
divorcer	*sich scheiden lassen*
la famille recomposée / reconstituée	*Patchworkfamilie*
célibataire	*ledig, unverheiratet*

HAUSTIERE

Zwar haben die Franzosen nicht ganz so viele Tiere wie die Amerikaner, aber immerhin leben in Frankreich etwa 63 Millionen Tiere. Frankreich ist das Land mit den meisten Haustieren in Europa, fast jeder zweite Haushalt hat ein Haustier. Bei den beliebtesten Haustieren stehen Hund und Katze an der Spitze. In vielen Zeitschriften ist eine Seite den Haustieren gewidmet.

10 Millionen Katzen gibt es in Frankreich, die gern Minou oder Charlotte heißen, aber natürlich jeden beliebigen Namen haben können.

Der Hund gilt als das Lieblingstier der Franzosen, sie heißen oft Toutou, Milou, Snoopy oder Belle. Die meisten Hundeliebhaber finden sich unter der älteren Generation, auf dem Land und abseits der großen Städte.

Allerdings finden sich auf den Straßen auch die Hinterlassenschaften der Hunde, was weniger angenehm ist und deshalb gibt es auch immer wieder Anstrengungen, dieses Problem zu lösen (hundefreie Spielplätze, Behälter für Hundekot, Schilder, die Hundebesitzer an ihre Pflichten erinnern). Allein in Paris hinterlassen 150 000 Hunde jeden Tag 16 t Exkremente. Für Hunde gilt eine generelle Leinenpflicht und an Stränden sind sie meist verboten, doch das wird oft nicht so eng ausgelegt. In den Ferien kann man seine Hunde auch in einem Hôtel des chiens unterbringen und es gibt auch Hundefriseure: Toilettage Canin.

Neben den Klassikern Hund und Katze gibt es jedoch auch die nouveaux animaux de compagnie (NAC), das sind Modehaustiere wie Schlangen oder Frettchen, aber auch Hamster, Häschen und Goldfische zählen dazu.

WENDUNGEN

le est une vraie tortue.	*Sie ist langsam wie eine Schnecke.*
est une vraie fourmi.	*Er ist ein Sparfuchs.*
fait le singe.	*Er führt sich verrückt auf.*
'est un perroquet.	*Er plappert alles nach.*
e jeter dans la gueule du loup	*sich in die Höhle des Löwen wagen*
voir une faim de loup	*einen Bärenhunger haben*
rendre le taureau par les cornes	*den Stier bei den Hörnern packen*
voir un chat dans la gorge	*einen Frosch im Hals haben*
pleut comme vache qui pisse. (fam.)	*Es gießt wie aus Eimern.*
fait un temps de chien.	*Es ist ein Sauwetter.*
fait un froid de canard.	*Es ist saukalt.*
ttention) chien méchant !	*Vorsicht! Bissiger Hund!*
rubrique des chiens écrasés	*vermischte Lokalnachrichten* (Rubrik in der Zeitung)

! Viele Ausdrücke oder Sprichwörter haben mit Tieren zu tun: man vergleicht z. B. einen Menschen mit einem Tier, dem man bestimmte Eigenschaften zuordnet. Im deutschen Ausdruck wird dafür oft ein anderes Tier verwendet.

WORTSCHATZ

SPA (société protectrice des animaux)	*Tierschutzverein*	l'insecte (m)	*Insekt*
s animaux domestiques / de compagnie	*Haustiere*	l'abeille (f)	*Biene*
s animaux sauvages	*Wildtiere*	la mouche	*Fliege*
écureuil (m)	*Eichhörnchen*	l'araignée (f)	*Spinne*
lièvre	*Feldhase*	le moustique	*Stechmücke*
chevreuil	*Reh*	la crotte de chiens	*Hundekot*
serpent	*Schlange*	ramasser	*ein- / aufsammeln*

! Wortschatz „Haustiere" siehe S. 19

1 Les animaux 'parlent' aussi : Welcher Laut gehört zu welchem Tier?

1. le coq	a. coin coin
2. le chat	b. bêêê
3. le chien	c. meuh
4. le mouton	d. ouah ouah
5. le cochon	e. cocorico
6. le canard	f. groin groin
7. la vache	g. miaou

2 Qu'est-ce qu'on dit ? Was sagt man . . .

1. Avant de commencer le repas : ______________________________
2. Quand quelqu'un part en vacances : ______________________________
3. Le 25 décembre : ______________________________
4. Quand on lève le verre : ______________________________
5. Quand quelqu'un réussit à un examen : ______________________________
6. Le jour de l'anniversaire de qn : ______________________________

Proverbes. Kennst du diese Sprichwörter auf Deutsch? Verbinde sie.

Petit à petit l'oiseau fait son nid.	a. Wo gehobelt wird, fallen Späne.
Le chat parti, les souris dansent.	b. Eine Schwalbe macht noch keinen Sommer.
Une hirondelle ne fait pas le printemps.	c. Weihnachten im Klee, Ostern im Schnee.
Noël au balcon, Pâques au tison.	d. Ist die Katze aus dem Haus, tanzen die Mäuse.
On ne fait pas d'omelette sans casser d'œufs.	e. Mühsam ernährt sich das Eichhörnchen.

Chanson de Noël. In dieser französischen Version von *Oh Tannenbaum!* fehlen folgende Wörter:

parure	sapin	j'aime	attraits	forêts	hiver

lon beau ________________ *, rois des* ________________ .

ue ________________ *ta verdure !*

uand par l' ________________ *bois et guérets*

ont dépouillés de leurs ________________ .

lon beau sapin, roi des forêts.

ı gardes ta ________________ .

Lösungen:

1 1. e.; 2. g.; 3. d.; 4. b.; 5. f.; 6. a.; 7. c.

2 1. Bon appétit ! 2. Bon voyage ! 3. Joyeux Noël ! 4. À votre santé ! / À la vôtre / À la tienne ! 5. Félicitations ! 6. Bon anniversaire !

3 1. e.; 2. d.; 3. b.; 4. c.; 5. a.

4 sapin – forêts – j'aime – hiver – attraits – parure

FREUNDE UND FREIZEIT

Französische Jugendliche haben generell weniger Freizeit als ihre deutschen Altersgenossen, weil sie viel mehr Zeit in der Schule verbringen. Sehr viele Schüler benutzen den Schulbus und kommen erst am frühen Abend nach Hause. Nur sehr wenige Schüler können mit dem Fahrrad zur Schule fahren, da sie weit außerhalb wohnen. Während Deutsche als Fahrradfahrer gelten, sind Franzosen eher Fahrradmuffel. Nur 6 % der Franzosen nutzen täglich das Fahrrad. Es gibt auch viel weniger Radwege. Die Jugendlichen sind trotz weniger Freizeit viel mit Freunden zusammen, meist sind es Klassenkameraden, denn die Schüler haben ja oft Freistunden und essen gemeinsam in der Schulkantine. Richtige Freizeit haben sie am Mittwochnachmittag und am Wochenende ab Samstagnachmittag. In vielen Städten gibt es centres de loisirs / centres aérés, die die Kinder zwischen 3 und 10 Jahren am Mittwoch und in den Ferien betreuen.

SPORT

In vielen Gemeinden oder Stadtvierteln gibt es Strukturen zur Freizeitgestaltung zum Beispiel la MJC (maison des jeunes et de la culture) ein Jugend- und Kulturzentrum, in dem zahlreiche Aktivitäten angeboten werden, z. B. Tanzen, Sport oder Theaterkurse. Sportvereine sind oft an die Schulen angegliedert. (Sportunterricht heißt offiziell éducation physique et sportive, EPS). Es gibt in Frankreich eine Reihe von Sportarten, die dich vielleicht überraschen: im Süden spielt man viel Rugby und im Baskenland la pelote basque (eine Art Squash). Davon abgesehen sind die gleichen Sportarten wie in Deutschland beliebt.

FERIEN

Außerdem kann man sich für alle möglichen Ziele engagieren (Umwelt, Kirche, Politik usw.). Benachteilig-te Jugendliche, die keiner Organisation angehören, versucht man durch staatliche Hilfen zu integrieren: Contrat Temps Libre (durch Familienkasse und Gemeinden finanziert). Oft wird beklagt, dass sich zu wenige junge Leute als Betreuer zur Verfügung stellen, z. B. in den bekannten colonies de vacances (la colo), heute séjours de vacances genannt, die in Frankreich eine große Rolle spielen. Viele französische Kinder fahren schon sehr früh alleine für einige Zeit (1 bis 4 Wochen) in ein Feriencamp, wo sie zusammen mit Betreuern unterschiedliche Aktivitäten machen.

WENDUNGEN

u'est-ce qu'on fait après les cours ?	*Was machen wir nach der Schule?*
loi, je vais à la piscine.	*Ich gehe ins Schwimmbad.*
e me suis inscrit à un cours.	*Ich habe mich zu einem Kurs angemeldet.*
lle va au centre ville avec ses copines pour faire du lèche-vitrines.	*Sie geht mit ihren Freundinnen in die Stadt zum Schaufensterbummel.*
es garçons organisent un match de foot samedi après-midi.	*Die Jungen organisieren am Samstagnachmittag ein Fußballspiel.*
est membre des Scouts de France.	*Er ist bei den Pfadfindern.*

!

Sportarten: le foot, le volley, le basket, le rugby, l'athlétisme, la gym, le footing, les sport d'hiver etc.

Eine Sportart treiben: faire du sport : faire du foot, du vélo, du cheval, du ski, de la natation etc.

VORTSCHATZ

e copain, la copine	*Freund, Freundin*	le match (de foot)	*(Fußball)spiel*
e camarade de classe	*Klassenkamerad*	match nul	*unentschieden*
e corres(pondant) [kɔʀɛs]	*Austauschpartner*	le but	*Tor*
e temps libre	*Freizeit*	l'arbitre (m/f)	*Schiedsrichter*
ne association (sportive)	*(Sport)Verein*	la piste cyclable	*Radweg*
'inscrire à	*sich anmelden zu*	le VTT (vélo tout terrain)	*Mountainbike*
'entraîner	*trainieren*	jouer (à) un jeu vidéo	*ein Videospiel spielen*
ne rencontre/ épreuve sportive	*Wettkampf*		

FREIZEIT

Viele Jugendliche verbringen einen Großteil ihrer Freizeit zu Hause oder bei Freunden, wo sie dann gemeinsam fernsehen (am Wochenende ist die Zeit, die diese Altersgruppe vor dem Bildschirm verbringt, doppelt so hoch) oder Computerspiele spielen, bzw. im Internet surfen.

Die Gemeinden stellen oft ein Gelände zur Verfügung für Sportarten, die in den letzten Jahren einen enormen Aufschwung genommen haben: Skateboard, Inline-skating o.ä.. Sehr modern ist der in den Vorstädten von Paris entstandene Sport parkour. Der Sportler (le traceur) versucht möglichst kunstvoll durch Rennen, Klettern, Springen etc. Hindernisse in einem städtischen Umfeld zu überwinden und von A nach B zu kommen. Dies solltest du aber nicht ausprobieren, da es nicht ganz ungefährlich ist, vor allem wenn man ungeübt ist.

AUSGEHEN

Ansonsten besteht die Hauptfreizeitbeschäftigung außer Haus für die 12- bis 16-Jährigen darin, mit Freunden ins Zentrum zu gehen, durch die Straßen und Geschäfte zu laufen. Der durchschnittliche Jugendliche kann sich im Allgemeinen nicht mehr als ab und zu Kino und Fastfood-Lokal (solche Lokale machen inzwischen ein Drittel aus) leisten, denn allein dafür muss er etwa 15 – 20 € ausgeben.

Diskotheken sind ebenfalls sehr teuer und werden meist erst in der Altersgruppe ab 16 besucht, da man vor 16 nur in Begleitung eines Erwachsenen hinein gehen darf. Entweder ist der Eintritt z.B. vor 24 Uhr frei, dann sind meist die Getränke sehr teuer oder man muss bereits für den Eintritt sehr viel bezahlen ca. 10 €. Für Mädchen gelten meist günstigere Tarife oder ein Getränk ist frei.

ENDUNGEN

u'est-ce qu'on fait samedi après-midi? — *Was machen wir am Samstagnachmittag?*

loi, je retrouve les copains
et on va se balader au centre-ville. — *Ich treffe meine Freunde / Kumpels und wir gehen in die Stadt.*

la MJC, on organise des cours de danse moderne.
On y va ? — *Im Jugendzentrum gibt es einen Kurs für modernen Tanz. Wollen wir hingehen?*

as ton permis.
Est-ce que tu m'emmènes en voiture ? — *Du hast schon den Führerschein. Nimmst du mich im Auto mit?*

les parents ne m'autorisent pas
à prendre le scooter le soir. — *Meine Eltern erlauben nicht, dass ich abends den Roller nehme.*

ai faim. On va à un bouffe-vite ? — *Ich habe Hunger. Gehen wir in ein Fastfood?*

ÖRTER

tre mineur / majeur	*minderjährig / volljährig sein*	avoir le droit de	*das Recht haben zu*
utoriser qn à faire qc	*jdm etwas erlauben*	sortir en boîte (fam.)	*in die Disko gehen*
nterdire qc à qn	*jdm etwas verbieten*	le square	*kleine Grünanlage*
ranché	*in, angesagt*	le permis de conduire	*Führerschein*
e public	*Publikum*	les loisirs	*Freizeit(aktivitäten)*
e tube (fam.)	*Hit*	la boîte (fam.)	*Disko*
aire un tour / se balader / se promener	*spazieren gehen*	la loi pour la protection des mineurs	*Jugendschutzgesetz*

LE SEPTIÈME ART

Das Kino in Frankreich hat einen ganz anderen Stellenwert als in Deutschland, es wird als 7ème art bezeichnet, also als siebte der ‚Schönen Künste'. Kino ist in Frankreich weiterhin sehr beliebt, das Jahr 2011 wurde sogar zum Rekordjahr mit 215,6 Millionen Besucher, auch 2016 wurden 213 Millionen Tickets verkauft. Auch der Anteil der französischen Filme ist auf über 40% gestiegen (amerikanische Filme 52%). In den Großstädten gibt es ganz verschiedene Kinos, z. B. Ketten wie *Gaumont*, *UGC*, *MK2* oder *Utopia* und natürlich auch die Multiplex-Kinos (z. B. *Ciné World*). Vor den Kinos, die nur Uraufführungen zeigen – z. B. auf den Champs-Élysées in Paris – stehen immer lange Schlangen. Erstaunlich ist in Frankreich vor allem, dass der Anteil der französischen Filme viel höher ist, als der Anteil der deutschen Filme in Deutschland.

Im Sommer gibt es – vor allem auch in den Touriste zentren – oft Freilichtvorführungen. Und das Festiva de Cannes, das alljährlich im Mai stattfindet, ist Filn freunden in der ganzen Welt ein Begriff (ca. 30 000 Filmschaffende und 200 000 Besucher). Die Trophäe die dort verliehen wird, heißt Palme d'Or. Daneben gibt es noch den jährlich verliehenen Filmpreis Césa der die besten Filme, Schauspieler etc. eines Jahres auszeichnet.

Französische Filmschauspieler haben einen anderer Status als in Deutschland und so verwundert es nicht, dass schon verschiedene Schauspielerinnen, z. B. Brigitte Bardot, Catherine Deneuve oder Laetiti Casta durch eine Meinungsumfrage als Modell für die offizielle Büste der Marianne gewählt wurden.

Vielleicht wirst du dich wundern, welche Filme bei französischen Jugendlichen als Kultfilm gelten. Oft unterscheidet sich der Filmgeschmack der deutsche und französischen Jugendlichen stark, was bei Musi eher nicht der Fall ist. „Ratatouille" und „Willkomme bei den Sch'tis" waren allerdings auch in Deutschlan große Erfolge.

!

Auch Kino ist – ohne Ermäßigung – nicht gerade billig: 8 – 10 €. Es gibt aber oft Ermäßigungen für Schüler und Studenten. In Frankreich laufen viele ausländische Filme in der Originalfassung (VO) oder mit Untertitelung (VOST); sind sie synchronisiert, steht das Kürzel VF (version française) im Programm.

WENDUNGEN

u'est-ce qu'il y a au ciné ce soir ? - Au Grand Rex, il y a un film de guerre.	*Was gibt es heute Abend im Kino?* *– Im Grand Rex läuft ein Kriegsfilm.*
est mon film préféré.	*Das ist mein Lieblingsfilm.*
n non, je n'aime pas tellement ce genre de films.	*Oh nein, ich mag diese Art Filme nicht.*
st-ce que les places sont numérotées ?	*Sind die Plätze nummeriert?*
faut faire la queue pour avoir des billets / tickets.	*Man muss anstehen, um Karten zu bekommen.*

WORTSCHATZ

ciné(ma)	*Kino*	la mise en scène	*Regie*
salle de cinéma	*Kinosaal*	tourner un film	*einen Film drehen*
écran (m)	*Leinwand*	le film-culte	*Kultfilm*
séance	*Vorstellung*	les dessins animés	*Zeichentrickfilm*
ire la queue	*Schlange stehen*	le film d'animation	*Animationsfilm*
billet (d'entrée)	*Eintrittskarte*	le film d'épouvante	*Horrorfilm*
spectateur/ spectatrice	*Zuschauer / in*	le film d'action	*Aktionfilm*
acteur / l'actrice	*Schauspieler / in*	le (film) policier	*Krimi*
comédien, ne	*Schauspieler / in*	la vedette (de cinéma)	*großer Kinostar*
metteur en scène	*Regisseur*		

RAUCHEN

Da der Verkauf von Tabakwaren in Frankreich in staatlicher Hand ist, kann man Zigaretten nicht im Supermarkt, sondern nur im bureau de tabac kaufen. Besondere Gesetze gelten für Jugendliche: An Jugendliche unter 18 Jahren darf kein Tabak verkauft werden. Wie in Deutschland, so muss auch in Frankreich auf Zigarettenpackungen ein Hinweis auf die Schädlichkeit des Rauchens vorhanden sein. Werbung und Verteilen von kostenlosen Zigaretten sind verboten.

In Frankreich gab es erste Antirauchgesetze schon im Jahr 1976. Inzwischen gilt ein striktes Rauchverbot in öffentlichen Räumen. Dazu gehören Bahnhöfe, Flugplätze, Schulen, Krankenhäuser, Restaurants, Einkaufszentren, Verkehrsmittel wie Bahn, Bus, U-Bahn, und weitgehend auch der Arbeitsplatz.

Das Rauchen ist unter französischen Jugendlichen dennoch weit verbreitet, auch wenn es bei den jungen Frauen zwischen 15-24 in den letzten Jahren zurückgegangen ist. Jeder fünfte Minderjährige raucht mindestens eine Zigarette pro Woche, in Europa ist es nur jeder Siebte. Trotz hoher Preise ist kein Rückgang zu verzeichnen. (2020: eine Packung ca. 9-10 €).

ALKOHOL

Frankreich gehört in Europa zu den Ländern mit dem höchsten Alkoholkonsum. Auch hier gilt, dass die Kinder schon relativ früh Kontakt mit Alkohol haben und die Rate von Jugendlichen, die regelmäßig und viel trinken, ist hoch. Genau wie in anderen Ländern ist auch in Frankreich das sog. ‚binge-drinking' in. Es laufen Kampagnen gegen dieses exzessive Trinken. So steht in Frankreich ja schon seit Jahrzehnten bei Werbung für Alkohol die Warnung Pour votre santé, attention à l'abus d'alcool. (*Ihrer Gesundheit zuliebe, Achtung vor dem Missbrauch von Alkohol.*).

Der Verkauf von alkoholischen Getränken an Minderjährige unter 18 ist verboten. Im Übrigen gilt auch hier: Die Preise für Alkohol sind relativ hoch.

ENDUNGEN

abus d'alcool est dangereux pour votre santé.	*Alkoholmissbrauch ist schädlich für Ihre Gesundheit.*
umer nuit gravement à votre santé et à celle de votre entourage.	*Rauchen schadet Ihrer eigenen Gesundheit und der Ihrer Umgebung.*
as une cigarette pour moi ? – Non, je ne fume pas / plus.	*Hast du eine Zigarette für mich? – Nein, ich rauche nicht / nicht mehr.*
as du feu ?	*Hast du mal Feuer?*
ù est-ce qu'on peut acheter des cigarettes en France ? – Au bureau de tabac / chez le buraliste.	*Wo kann man in Frankreich Zigaretten kaufen? – Im Tabakladen.*
ardon, monsieur, cette salle est réservée aux non-fumeurs.	*Entschuldigung, aber dieser Raum ist für Nichtraucher.*
n va prendre un pot. Tu viens aussi ?	*Wir gehen was trinken. Kommst du mit?*

ORTSCHATZ

! Défense de fumer. *Rauchen verboten.*

tabac	*Tabak*
tabagisme	*übermäßiger Tabakkonsum*
tabagisme passif	*Passivrauchen*
cigarette	*Zigarette*
mégot	*Zigarettenkippe*
clope (fam.)	*Kippe* (ugs.)
vec / sans filtre	*mit / ohne Filter*
cigare	*Zigarre*
pipe	*Pfeife*
allumette (f)	*Streichholz*
le briquet	*Feuerzeug*
le cendrier	*Aschenbecher*
allumer / éteindre une cigarette	*eine Zigarette anzünden / ausmachen*
le joint / le pétard (fam.)	*Joint*
le non-fumeur, -euse	*Nichtraucher / -in*
taxer qc à qn	*schnorren*
la boisson	*Getränk*
picoler (fam.)	*bechern* (ugs.)

Seit der Französischen Revolution legte man Wert darauf, dass die Einheit der Nation sich auch in einer einheitlichen Sprache ausdrückte und so versuchte man, die Dialekte zu unterdrücken, was zunächst nicht gelang. Erst nach den beiden Weltkriegen - nicht zuletzt durch die Medien - gelang es, eine einheitliche nationale Sprache durchzusetzen.

Als gesprochenes Französisch dient jedoch das français familier, das in allen Altersstufen und sozialen Schichten gleichermaßen gebraucht wird. Es hat fü viele Begriffe mehrere Wörter zur Auswahl, die je nach Situation gebraucht werden.
Das français familier wird dir als Austauschschüler an häufigsten begegnen und vermutlich kennst du bere einige Ausdrücke oder Besonderheiten, weil man sie mittlerweile sogar in den Französischbüchern findet. Dennoch ist Vorsicht geboten beim Gebrauch!

NACHLÄSSIGE AUSSPRACHE

Auch wenn du gut Französisch sprichst, wirst du in den Pausen oder in der Mensa manchmal nur wenig verstehen. Deshalb einige Hinweise auf Umgangssprache und Jugendsprache.

Du wirst auch feststellen, dass die Franzosen oft die Regeln, die du in der Schule gelernt hast, nicht beachten. Statt ne…pas wird häufig nur pas verwendet: J sais pas. Ausgesprochen wird es dann häufig so: [ʃɛ Je, tu, le, ce, cet, cette werden apostrophiert: J'peux pas. T'es fou ? T'as pas froid ? Tu l'vois ? C't homme- Oui wird zu ouais. Quoi steht als Bekräftigung am Ende von Sätzen: Il m'a dit ça, quoi !

EIGENE WÖRTER

Außerdem werden in der Umgangssprache häufig Wörter verwendet, die nicht der Hochsprache entsprechen. Du solltest diese verstehen, sei aber vorsichtig, wenn du sie verwendest, das kann, je nach Ansprechpartner, sehr unhöflich sein. Diese Wörter werden im Wörterbuch als fam. (umgangssprachlich) oder sogar pop. (populaire) oder arg. (argot) gekennzeichnet - beide Varianten sind noch umgangssprachlicher. Argot war ursprünglich die Sprache der Verbrecher, die für die Polizei und die übrige Bevölkerung unverständlich war.

Auffallend ist auch der übermäßige Gebrauch von trop anstatt très: Ah, le film était trop beau ! Elle es trop mystique. (= Elle est très bizarre.) und der Gebrauch von comment am Satzanfang zur Verstärku oder auch Interjektionen wie Chiche que ! (*Wetten dass?*).

TWAS SCHLECHT FINDEN

est nul ! (fam.)	*Das ist blöd!*
ı la vache ! (fam.)	*Oh, das ist gemein! / Oh, echt?*
est con, ce mec ! (fam.)	*Der Typ ist blöd.*
est chiant ! (fam.)	*Das ist zum Kotzen.*
: fais chier ! (fam.)	*Du gehst mir auf den Keks.*
uel bazar/bordel ! (fam.)	*Was für ein Kuddelmuddel!*

ETWAS GUT FINDEN

C'est vachement drôle. (fam.)	*Das ist super lustig.*
C'est chouette. (fam.)	*Das ist cool / süß.*
C'est super bien. (fam.)	*Das ist sehr gut.*
Quel kif ! (fam.)	*Wahnsinn!*
C'est de la balle ! / C'est mortel!	*Das ist super / toll!*

/ORTSCHATZ

bagnole (fam)	*Auto*
boîte (fam)	*Disko*
›uffer (fam)	*essen*
›uquiner (fam)	*lesen*
›n, conne (pop)	*blöd, bescheuert*
aguer (fam)	*anmachen, aufreißen*
ucher (fam)	*klauen*
ısher sur (fam)	*abfahren auf*
fric, le pognon (fam)	*Kohle, Geld*
s fringues (fam)	*Klamotten*
gamin,e (fam) / e / la gosse (fam)	*Kind*
mec (fam)	*Mann, Kerl, Typ*
nana (fam)	*Frau, Mädchen, Tussi*
pion (fam)	*Aufsichtsperson in der Schule* (= le surveillant)
›upiller (fam)	*schlafen, pennen*
trouille (pop)	*Angst, Schiss*
le bahut (fam)	*Schule*
bosser (fam)	*arbeiten, schuften*
le bouquin (fam)	*Buch*
le clebs, le clébard (fam)	*Köter*
dingue (fam)	*bekloppt*
faire gaffe (fam)	*aufpassen*
être fauché (fam)	*blank, pleite sein*
le flic (fam)	*Bulle, Polizist*
le/la frangin, -ine (fam)	*Bruder/Schwester*
le toubib (fam)	*Arzt*
kiffer (arg)	*geil finden*
la trouille (pop)	*Angst, Schiss*
moche (fam)	*hässlich*
la piaule (fam)	*Zimmer, Bude*
le pote (fam)	*Freund, Kumpel*

ENGLISCH

Englische Wörter mehren sich auch im Französischen (besonders im Bereich Computer, Kommunikation, moderne Technologien), obwohl der Staat versucht, dies sogar gesetzlich einzuschränken. Für die Sprache der Jugendlichen sind typisch einsilbige Wörter wie cool, look, good, bad trip, fan, top, gag, flash, clean, self, space (= bizarre), must [gesprochen mœst Dazu kommen Vorsilben wie super, méga, giga, ult und die Nachsilbe -os: branchos (*in sein*), craignos (*mies*), nullos, les toxicos (*Drogenabhängige*), les intellos (*Intellektuelle*) usw.

VERLAN

In der Umgangssprache werden z.T. auch häufig Wörter aus dem sogenannten Verlan verwendet. Verlan ist ein verbreitetes Sprachspiel, bei dem die Silben vertauscht werden: Herkunft des Namens ist eben jenes Wortspiel: à l'envers = *verkehrt herum* → Verlan. Die Rechtschreibregeln werden dabei nicht beachtet. Beispiele: Elle est vraiment zarbi. (zarbi = bizarre) Dans notre classe il y plusieurs beurs. (beur = arabe) Il est ouf, ce garçon. (o = fou) Je l'ai vu avec sa meuf. (meuf = femme) Teilweis sind die Wörter inzwischen so gebräuchlich, dass sie auch im Wörterbuch stehen, wie z.B. beur *in Frankreic geborenes Kind maghrebinischer Einwanderer.*

ABKÜRZUNGEN

An die häufigen Abkürzungen wirst du dich sicher schnell gewöhnen, hier ein paar Beispiele: le / la prof (professeur), l'interro (gation), la perm(anence) = *Aufenthaltsraum für Schüler während der Freistunden*, la MJC (*Jugendzentrum*), le cdi (centre de documentation et d'information, eine Art Schulbibliothek), l'aprèm (après-midi), les maths (les mathématique les SVT (sciences de la vie et de la terre, früher Erdkunde / Biologie), l'apéro (apéritif), le p'tit déj (petit déjeuner), d'acc (d'accord), pas ques (pas question) le survet (le survêtement), le Macdo (Mac Donald's le restau (restaurant) etc.

SCHIMPFWÖRTER

Zur Umgangssprache gehören natürlich auch immer Kraftausdrücke. Du findest auf der rechten Seite eine Auswahl. Diese Wörter solltest du auf keinen Fall selbst verwenden, sie sind zum Teil sehr vulgär, es kann aber nicht schaden, sie zu kennen.

'ERLAN

hanmé (arg)	= méchant *gemein*	cimer (arg)	= merci *danke*
euf (arg)	= flic *Bulle, Polizist*	keum (arg)	= mec *Mann, Kerl*
sa) meuf (arg)	= femme *(seine) Frau, Freundin*	reum (arg)	= mère *Mutter*
èj (arg)	= jeter *ablehnen*		

:OMIC-SPRACHE

tchoum !	*Hatschi!*	Dring ! Dring !	*Ring! Ring!*	Sniff !	*Schluchz!*
'hut!	*Pst!*	aïe	*au, aua*	miam-miam	*mmh lecker*
lou-glou	*gluck, gluck (trinken)*				

(RAFTAUSDRÜCKE

nerde (vulg. / fam.)	*Scheiße*
Aerde alors ! (fam)	*Verdammte Scheiße!*
ut (fam)	*verdammt, verflixt*
Aince alors ! (fam)	*Scheibenkleister*
utain (fam)	*Scheiße, Donnerwetter!*
e / la con, -ne (pop)	*Idiot, blöde Kuh*
e conard (pop) / la connasse (vulg)	*Vollidiot, Arsch; blöde Sau, Schlampe*
ute (vulg) / salope (vulg)	*Hure, Schlampe*
alaud (fam)	*Dreckskerl, Schwein*
aloperie (fam)	*Sauerei*
ordel (fam)	*Chaos, Schlammassel, Saustall*
spèce d'imbécile ! (fam)	*Du Blödmann!*
a gueule ! (fam)	*Klappe!, Halt's Maul!*
'en ai marre. (fam)	*Ich hab's satt.*
'en ai ras-le-bol. (fam)	*Ich hab die Schnauze voll.*

ÖFFENTLICHE VERKEHRSMITTEL

Vor allem in den Großstädten werden die öffentlichen Verkehrsmittel viel genutzt, da man zur Stoßzeit im Stau steht und anschließend keinen bzw. nur einen teuren Parkplatz findet. Paris hat ein sehr gut ausgebautes Netz von U-Bahn, Bussen und S-Bahnen und man lernt als Besucher schnell, sich zurecht zu finden. Es gibt meistens handliche Pläne mit den Bus- oder U-Bahn-Linien, die man immer bei sich haben sollte, auch eine App kann von Nutzen sein.

Es gibt keine allgemeingültigen Regeln, Preise usw. für ganz Frankreich. Das musst du dir an Ort und Stelle von deinem correspondant erklären lassen. Meistens wird es günstiger sein, sich gleich eine größere Anzahl von Fahrscheinen zu besorgen, erstens, weil es billiger ist, zweitens, weil man bei der nächsten Fahrt nicht lange nach einer Verkaufsstelle suchen muss. Bei einem längeren Aufenthalt kann man sich natürlich Wochen- und Monatskarten besorgen, denn auch Busfahren geht ins Geld (eine Einfachfahrt kostet in der Regel mehr als 1 €).

BUSFAHREN

Wenn du an der Bushaltestelle stehst, solltest du dem Fahrer ein Handzeichen geben, wenn der Bus kommt, sonst fährt er unter Umständen ohne zu halten vorbei.

Wenn man aussteigen will, muss man einen Knopf drücken, um dem Fahrer zu signalisieren, dass er an der nächsten Haltestelle anhalten muss.

IM GEDRÄNGE

In U-Bahnhöfen und an Bushaltestellen herrscht oft großes Gedränge, ebenso in den Bussen und Bahnen zu bestimmten Zeiten. Da solltest du aufpassen, dass du deine Wertsachen (Geld, Handy, Fotoapparat) gut verwahrt hast. Wo Menschenansammlungen sind, gibt es auch immer Taschendiebe, die teilweise sehr raffinierte Methoden haben.

[W]ENDUNGEN

[O]ù est-ce qu'on peut acheter des tickets de bus ?	*Wo kann man Busfahrscheine kaufen?*
[R]egardez, il y a un guichet et un distributeur automatique de tickets.	*Schauen Sie, da ist ein Schalter und ein Fahrkartenautomat.*
[J']ai seulement des billets de 10 €.	*Ich habe nur 10-Euro-Scheine.*
[C]e n'est pas grave. Il rend la monnaie.	*Das macht nichts, er gibt Kleingeld raus.*
[P]ardon madame, je cherche la prochaine station de métro.	*Entschuldigen Sie, ich suche die nächste Metrostation.*
[E]xcusez-moi, je dois descendre à l'arrêt 'Palais de Justice', qu'est-ce qu'il faut faire ?	*Entschuldigung, ich muss an der Haltstelle Justizpalast aussteigen, was muss ich machen?*
[Q]uel bus est-ce que je dois prendre pour aller à la gare ?	*Welchen Bus muss ich nehmen, um zum Bahnhof zu fahren?*

[W]ORTSCHATZ

[le t]ransport en commun	*öffentliche Verkehrsmittel*	l'heure de pointe (f)	*Stoßzeit*
[l]e train	*Zug*	l'embouteillage (m)	*Verkehrsstau*
[l]e train de banlieue	*S-Bahn* (in Paris: RER)	le bouchon (fam.)	*Stau*
[l']autobus (m) / le bus	*(Stadt)Bus*	le distributeur de tickets	*Fahrkartenautomat*
[l]e car	*Schulbus, Reisebus*	les horaires	*Fahrpläne*
[l]e taxi	*Taxi*	la circulation	*Verkehr*
[l]es deux-roues	*Zweiräder*	l'arrêt de bus (m)	*Bushaltestelle*
[l]a bicyclette, le vélo	*Fahrrad*	s'arrêter	*stehen bleiben, anhalten*
[l]a moto	*Motorrad*	le feu (rouge/vert)	*Ampel*
[l]e scooter	*Motorroller*	le passage piéton / clouté	*Fußgängerüberweg*
[l]e cyclomoteur, la mob(ylette)®	*Mofa*		

1 Qu'est-ce que tu dis ? Was sagst du wenn ...

1. ... du an der Kinokasse eine Kinokarte möchtest?

____

2. ... du nach dem Beginn der nächsten Vorstellung fragst?

____

3. ... du nach dem Weg zur Bushaltestelle fragen willst?

____

4. ... du wissen willst, ob der Bus in Richtung Innenstadt fährt?

____

2 Dialogue à l'arrêt de bus. Mets dans le bon ordre. Ordne den folgenden Dialog an der Bushaltestelle.

- ☐ a. Il devrait arriver dans 5 minutes.
- ☐ b. Merci beaucoup et bonne journée, madame.
- ☐ c. Vous savez par hasard s'il passe aussi rue de la paix ?
- ☐ d. Ah, je vois. Est-ce que je monte quand-même ici ?
- ☐ e. Excusez-moi, madame. À quelle heure est-ce que le bus en direction de la place de la Concorde va arriver ?
- ☐ f. Non, alors là, il faut prendre le 58.
- ☐ g. Oui, et vous avez de la chance. Regardez, le voilà.
- ☐ h. Merci, à vous aussi.

Cherche la réponse juste. Suche die richtigen Reaktionen auf die Sätze links.

Mon scooter n'a pas démarré ce matin.
Notre voisin a gagné 300 000 € au loto.
Le film t'a plu ?
J'ai eu le dernier CD de Zebda pour mon anniversaire.
J'ai vu Antoine avec sa nouvelle copine.

a. Bof ! Pas trop.
b. Tiens, tiens !
c. Chouette !
d. Ça alors !
e. Zut alors ! Et tu vas faire comment maintenant ?

Cherche la bonne réponse. Suche die richtige Antwort.

Qui a inventé le cinématographe ?
- ☐ a. Les frères Lumière.
- ☐ b. Les frères Goncourt.
- ☐ c. Les frères Montgolfier.

Le festival de cinéma le plus connu.
- ☐ a. Caen
- ☐ b. Cannes
- ☐ c. Cambrai

Le TGV est
- ☐ a. le club de foot de Versailles.
- ☐ b. un train à grande vitesse.
- ☐ c. un diplôme.

4. Audrey Tatou est
- ☐ a. une star de cinéma.
- ☐ b. une championne de ski alpin.
- ☐ c. la première Française dans l'espace.

5. Un des modèles pour Marianne était
- ☐ a. Fanny Ardant.
- ☐ b. Catherine Deneuve.
- ☐ c. Juliette Binoche.

6. L'équivalent français de l'Oscar est
- ☐ a. le César.
- ☐ b. la Palme d'Or.
- ☐ c. le Grammy.

Lösungen:

1 1. Une place tarif réduit pour … s'il vous plaît.
2. Le prochain spectacle commence quand ?
3. Comment est-ce que je fais pour aller à l'arrêt de bus ?
4. Le bus va en direction du centre ?

2 2a. – 7b. – 3c. – 5d. – 1e. – 4f. – 6g. – 8h.

3 1. e.; 2. d.; 3. a.; 4. c.; 5. b.

4 1. a.; 2. b.; 3. b.; 4. a.; 5. b.; 6. a.

LÄDEN UND BESONDERHEITEN

Wie in Deutschland, so gehen Jugendliche auch in Frankreich gern einkaufen, meist mit Freunden. Vieles ist gleich, denn manche Geschäfte findet man heute in vielen Ländern, z. B. *H&M* [aʃ e ɛm], *Benetton*, *C&A* [se e ɑ], *Zara*, *Esprit*... usw., aber einiges ist doch auch anders in Frankreich.

Das fängt mit den Kleidergrößen an: die auch bei uns üblichen Bezeichnungen S, M, L, XL sind in Frankreich eher etwas kleiner, also anprobieren. Ansonsten muss man eine Größe mehr nehmen, d. h. wenn du (als Mädchen) in Deutschland Kleidergröße 36 hast, so brauchst du in Frankreich 38. Außerdem gibt es noch taille 1, 2, 3, hier entspricht 2 in etwa M. Auch bei Schuhgrößen muss man meist die nächste Größe nehmen. Manche Firmen haben aber bereits auf europäische Größen umgestellt, also aufs Etikett schauen (EU 36) oder die Verkäuferin fragen. Die Herrengrößen sind wie in Deutschland.

Besonders günstig kauft man Kleidung und Schuhe bei Schlussverkäufen (les soldes). Da kann man sogar etwas Günstiges in den Kaufhäusern wie z. B. *Printemps*, *Galeries Lafayette* usw. finden. Ansonsten bieten sich Ladenketten an, z. B.: *Naf Naf*, *LaCity*, *Xanaka*, *Kiaby*, *Decathlon* (Sport), *Celio* (Männer), *Kookaî* usw.

Du wirst in Frankreich vielleicht auch CDs und DVDs kaufen wollen. Allerdings sind diese dort relativ teuer (eine CD 15 – 20 €). Aus diesem Grund sind auch die öffentlichen Bibliotheken bei den französischen Jugendlichen beliebt, wobei das Ausleihen von Büchern zugunsten elektronischer Medien zurückgeht. Adressen für Bücherfreunde in vielen Städten sind zum Beispiel die Ketten: *Maxi-Livre*, *Fnac*, für CDs, DVDs: *Fnac* und *Virgin-Megastore*. Es ist nicht immer möglich, französische Musik auf ein deutsches Handy herunterzuladen, da es rechtliche Beschränkungen dafür gibt.

Du kannst auch online schon mal die Angebote sichten, Bestellungen nach Deutschland werden allerdings nur gegen relativ hohe Versandgebühren verschickt:
www.fnac.fr
www.amazon.fr

VENDUNGEN

ardon, mademoiselle, je cherche une cabine d'essayage. – Les cabines sont au fond à droite.	*Entschuldigen Sie, ich suche eine Umkleidekabine.* *– Die Kabinen sind hinten rechts.*
es chaussures sont jolies, mais je préfère les talons moins hauts.	*Die Schuhe sind hübsch,* *aber ich trage lieber niedrigere Absätze.*
e cherche le rayon lingerie. – Vous le trouverez au deuxième étage.	*Ich suche die Unterwäscheabteilung.* *– Sie finden sie im zweiten Stock.*
st-ce qu'on peut laver ce pull à la machine ?	*Kann man diesen Pullover in der Maschine waschen?*

VORTSCHATZ

e vêtement	*Kleidungsstück*	la taille	*Kleidergröße*
es fringues (f, fam.)	*Klamotten*	l'écharpe (f)	*Schal*
e tee-shirt	*T-Shirt*	le polaire	*Fleecejacke*
e pull	*Pullover*	le pyjama	*Schlafanzug*
a chemise	*Hemd*	les chaussures (f)	*Schuhe*
e chemisier	*Bluse*	les bottes (f)	*Stiefel*
a robe	*Kleid*	la ceinture	*Gürtel*
a jupe	*Rock*	la casquette	*Baseballkappe*
e pantalon	*Hose*	les baskets, les tennis	*Turnschuhe*
e manteau	*Mantel*		

!

Achte auf den Unterschied zwischen *Kleidergröße* la taille und *Schuhgröße* la pointure.

le CD	*CD*
le DVD	*DVD*

SUPERMÄRKTE, EINKAUFSZENTREN

Frankreich ist das Land der Supermärkte, die je nach Größe supermarché, hypermarché oder centre commercial heißen. Die Größe lässt sich schon daran ermessen, dass bestimmte Angestellte mit Rollschuhen zu den einzelnen Abteilungen unterwegs sind.

In den Innenstädten oder in kleinen Städten gibt es nur kleinere Supermärkte (*8 sur 8*, *Super-U* etc.). Die großen Supermärkte *Carrefour*, *Auchan*, *Champion*, *Leclerc*, *ATTAC* usw. befinden sich meist außerhalb. Sicher hast du einmal Gelegenheit, mit der Gastfamilie in einen solchen Supermarkt zu gehen. Wenn es sich um ein centre commercial handelt, gibt es außer dem Supermarkt noch kleinere Geschäfte, Cafés (z. B. *La Brioche Dorée*), Selbstbedienungs-Restaurants (z. B. *Flunch*), einen Zeitungsladen (Maison de la Presse) usw. Auch gibt es dort immer Kundentoiletten und einen Geldautomaten. Die meisten Franzosen bezahlen mit Scheck oder Kreditkarte. Die einzelnen Supermarktketten haben eigene Karten, mit denen man verschiedene Sonderrabatte bekommt, z. B. dienstags 5% Rabatt. An der Kasse bekommt man nur noch selten kostenlose Plastiktüten für seine Einkäufe. Seit dem Jahr 2010 sind in Frankreich biologisch nicht abbaubare Plastiktüten verboten. (biodégradable *biologisch abbaubar*)

MÄRKTE / FLOHMÄRKTE

Sehr beliebt sind die Märkte, die in vielen Orten ein- bis zweimal die Woche stattfinden. Dort findet man neben Lebensmitteln, Haushaltswaren, Kleidern und Schuhen oft auch Stände – meist von Afrikanern – an denen Modeschmuck, CDs, Handtaschen, Sonnenbrillen und Ähnliches angeboten werden. Hier ist Handeln durchaus üblich, aber Vorsicht: Es ist verboten, gefälschte Markenprodukte zu verkaufen, aber auch der Käufer kann in Schwierigkeiten kommen. In Frankreich gibt es viele Flohmärkte, (marchés aux puces) wovon einige eher Antiquitätenmärkte, die meisten eher Trödelmärkte sind. In einigen Städten finden in regelmäßigen Abständen große Flohmärkte im Stadtzentrum statt. Von Krimskrams bis zu hochwertigen Antiquitäten kann man fast alles finden. Auch hier ist Handeln selbstverständlich erlaubt. Wenn man über Land fährt, sieht man auch in kleinen Dörfern oft das Schild Antiquités oder Brocante, das meist auf einen kleinen Trödelladen hinweist.

ENDUNGEN

avec ça ?	*Darf es noch etwas sein?*
ngt-cinq euros pour ce petit sac !? e vous en donne dix, d'accord ?	*25 Euro für diese kleine Handtasche!? Ich gebe Ihnen 10, einverstanden?*
ı non, je ne peux pas, c'est un sac Vuitton.)isons quinze… ?	*Oh nein, das kann ich nicht machen, es ist eine Handtasche von Vuitton. Sagen wir 15 …?*
›us savez bien que c'est un faux, nais pour douze euros, je le prends.	*Sie wissen genau, dass es eine Fälschung ist, aber für 12 Euro nehme ich sie.*
ı kilo de tomates et deux bananes, s'il vous plaît.	*Ein Kilo Tomaten und zwei Bananen, bitte.*
›us désirez, madame ?	*Sie wünschen?*
on merci, c'est trop cher.	*Nein danke, das ist zu teuer.*

!

Ça coûte / Ça fait combien ? *Was kostet das?*

ORTSCHATZ

supermarché	*Supermarkt*
grande surface	*Großsupermarkt*
llée (f)	*Gang* (im Supermarkt)
marché	*Wochenmarkt*
marché aux puces	*Flohmarkt*
vendeur, -euse	*Verkäufer, -in*
marchand	*Händler*
chariot/caddy	*Einkaufswagen*
caisse	*Kasse*
caissier, -ière	*Kassierer, -in*
promotion	*Sonderangebot*
rayé	*gestreift*
à carreaux	*kariert*
à fleurs	*geblümt*
à pois	*gepunktet*
le rayon papeterie	*Schreibwarenabteilung*
le rayon lingerie	*Wäscheabteilung*
le rayon électro-ménager	*Haushaltsgeräteabteilung*
le rayon librairie	*Bücherabteilung*
le rayon alimentation	*Lebensmittelabteilung*
le rayon boulangerie-pâtisserie	*Bäckerei- und Konditoreiabteilung*

GELD

Seit 1. Januar 2002 ist in Frankreich ebenfalls der Euro [øRO] die offizielle Währung.

Die Umrechnung von Francs in Euro war nicht so einfach wie die von DM in Euro (1 € = 6,56 FF), und so sah man in den ersten Monaten auf den Märkten und in manchen Geschäften Händler und Kunden mit kleinen Rechenmaschinen. Es gibt auch heute noch in manchen Supermärkten auf dem Kassenzettel die Umrechnung in Francs, z.B. € 16.75 soit en franc: 109.35 (1 euro = 6.55957). Euro [øRO] hat im Französischen übrigens ein Plural-s, sofern es nicht als € geschrieben ist, also « L'entrée pour le musée est € 5.- ! » aber « Est-ce que ces deux euros sont à toi ? ».

Du solltest natürlich nie zuviel Geld mit dir herumtragen, denn gerade an touristischen Sehenswürdigkeiten und im Gedränge von Märkten läuft man Gefahr, bestohlen zu werden. Auf jeden Fall sind Gesäßtaschen, Rucksäcke und leicht zu öffnende Handtaschen nicht die geeigneten Orte für Geld, besser, wenn auch etwas umständlich, sind Brustbeutel.

Wenn du Geld brauchst, kannst du mit deiner EC-Karte am Geldautomaten abheben, es wird dabei eine Gebühr von ca. 1% fällig. An den meisten Automaten kannst du nach der Aufforderung: « Choisissez votre langue » die Sprache wählen. Wi in Deutschland auch gilt, dass man nicht unbeding an einem einsam gelegenen Automaten zu einer ungünstigen Tageszeit Geld abheben sollte. Mittlerweile kann man auch mit der EC-Karte in Ge schäften bezahlen, doch könnte es für Minderjährige Schwierigkeiten geben. Die häufigste Kreditkarte der Franzosen ist im Übrigen die carte bleue, daher steht das Symbol dafür CB oft zum Beispiel über einer Kasse, bei der man nur mit Kart bezahlen kann.

ENDUNGEN

regrette, je n'ai pas de monnaie.	*Tut mir leid, ich habe kein Kleingeld.*
t-ce que vous pouvez changer un billet de 50 € ?	*Können Sie mir einen 50-€-Schein wechseln?*
, il y a une banque et certainement n va y trouver un distributeur automatique.	*Dort ist eine Bank,* *da finden wir sicher einen Geldautomaten.*
ec toutes ces offres spéciales / ces promo(tion)s, ai déjà dépensé tout mon argent de poche.	*Mit den vielen Sonderangeboten* *habe ich schon mein ganzes Taschengeld ausgegeben.*
n'ai pas d'argent sur moi. Est-ce que tu peux ne prêter 5 euros ? Je te les rends demain matin.	*Ich habe kein Geld bei mir, kannst du mir 5 € leihen?* *Ich gebe sie dir morgen früh zurück.*
us n'auriez pas de la monnaie ?	*Haben Sie es nicht kleiner / passend?*
i (de) la monnaie.	*Ich hab es passend.*

ORTSCHATZ

rgent (m)	*Geld*	payer en espèces	*bar bezahlen*
rgent de poche	*Taschengeld*	rendre la monnaie	*Wechselgeld herausgeben*
monnaie	*Kleingeld, Währung*	dépenser	*ausgeben*
pièce (de monnaie)	*Geldstück*	faire des économies	*sparen*
porte-monnaie	*Geldbeutel*	la tirelire	*Sparbüchse*
portefeuille	*Brieftasche*	les soldes (m)	*Schlussverkauf*
billet (de banque)	*Geldschein*	la réduction	*Ermäßigung*

1 Cherche l'intrus. Welches Wort passt nicht zu den anderen?

1. vendeuse – boulangerie – viande de bœuf – brioche – petit pain
2. taille – pull – manteau – veste – bouquin – jupe
3. carte bleue – chèque – ceinture – monnaie – caisse
4. chariot – feu rouge – caisse – allée centrale – rayon

2 Où est-ce tu vas pour acheter . . . Wo kaufst du . . .

1. des livres ?
   - ☐ a. À la bibliothèque.
   - ☐ b. À la Fnac.
   - ☐ c. Au bureau de tabac.
2. des croissants ?
   - ☐ a. Chez le boucher.
   - ☐ b. Chez le boulanger.
   - ☐ c. Dans une brasserie.
3. un tee-shirt pas cher ?
   - ☐ a. À la bijouterie.
   - ☐ b. Chez Dior.
   - ☐ c. Chez NafNaf.
4. un journal ?
   - ☐ a. Chez l'épicier.
   - ☐ b. Dans la maison de la presse.
   - ☐ c. Chez un journaliste.
5. une BD ?
   - ☐ a. Chez Maxi-Livre.
   - ☐ b. Au bureau de tabac.
   - ☐ c. Chez le pharmacien.

3 Tu reconnais ces mots ? Erkennst du die Schüttelwörter? Die blauen Anfangsbuchstaben helfen dir!

1. teagrn __________ 2. isasec __________ 3. lvrei __________ 4. tial __________

5. hacmér __________ 6. dolses __________ 7. aiocrht __________ 8. yonra __________

Relie les mots. Welche Begriffe passen zusammen?

le rayon boulangerie-pâtisserie	a.	le sèche-cheveux
le rayon lingerie	b.	le gel douche
le rayon cosmétiques	c.	le cahier
le rayon produits laitiers	d.	le dictionnaire bilingue
le rayon papeterie	e.	la tarte au citron
le rayon électroménager	f.	la viande
la boucherie	g.	le camembert
le rayon librairie	h.	le pyjama

Wie sagt man auf Französisch?

Was kostet dieser Pulli?

____

Gibt es eine Ermäßigung für Schüler?

____

Haben Sie die Schuhe auch in schwarz?

____

Die Hose ist zu kurz.

____

Ich nehme das grüne T-Shirt.

____

Lösungen

1 1. viande de bœuf (boucherie); 2. bouquin (librairie); 3. ceinture (magasin de vêtements); 4. feu rouge (trafic)

2 1. b.; 2. b.; 3. c.; 4.b.; 5.a.

3 1. argent; 2. caisse; 3. livre; 4. lait; 5. marché; 6. soldes; 7. chariot; 8. rayon;

4 1. e.; 2. h.; 3. b.; 4. g.; 5. c.; 6. a.; 7. f.; 8. d.

5 1. Combien coûte ce pull ? 2. Est-ce qu'il y a une réduction pour les élèves ? 3. Vous avez aussi ces chaussures en noir ? 4. Le pantalon est trop court. 5. Je prends le tee-shirt vert.

NOTRUFNUMMERN

Du solltest immer die Telefonnummer der Gastfamilie und die Handynummer deines Austauschpartners bei dir haben, genauso wie deinen eigenen Ausweis, wenn du allein unterwegs bist. Trotzdem musst du einige Dinge für den Notfall wissen, damit du dir auch selbst helfen kannst.

Kostenlose Rufnummern – les numéros verts – von jeder Telefonzelle aus:

Notarzt:	SAMU	**15**
Polizei:	Police	**17**
Feuerwehr:	Pompiers	**18**
Notfall allgemein:	Urgences	**112**

Denke bei einem Notruf daran, die Antworten auf folgende Fragen zu geben: Wer – Wo – Was.

Du musst also mitteilen, wer du bist, wo du dich gerade befindest und was passiert ist. Solltest du tatsächlich mal in eine Notsituation kommen, spric auch Passanten an, man wird dir sicherlich helfen.

DIEBSTAHL

Häufiger sind Diebstähle, gerade wenn ihr euch als Gruppe in der Nähe von Sehenswürdigkeiten aufhaltet und vielleicht durch Stände mit Souvenirs, Kartenverkäufer o. ä. abgelenkt seid. Die beste Vorbeugung ist, Wertsachen nicht leichtsinnig abzulegen und Geld gut zu verstauen. Viele Taschendiebe sind aber echte ‚Profis', auch wenn es oft nicht so scheint. Das gilt beispielsweise für Gruppen kleinerer Kinder, die sich um Touristen drängen, um zu betteln oder um etwas zu zeigen und ehe man es sich versieht, ist das Geld weg.

Achte vor allem auch im Gedränge der öffentlichen Verkehrsmittel gut auf deine Wertsachen.

Im Fall eines Diebstahls sollte man Anzeige bei der Polizei erstatten, auch wenn es geringe Aussicht au Erfolg hat. Sicher wird man dich zur Polizei begleite (dein Lehrer oder deine Gasteltern) damit du dort Angaben zur Person und zum Sachverhalt machen kannst.

Au voleur ! *Haltet den Dieb!*

▪ENDUNGEN

ı commissariat de police :	*Auf der Polizeiwache:*
ı m'a volé mon porte-monnaie / mon appareil-photo / mon portable.	*Man hat mir meinen Geldbeutel / Fotoapparat / Handy gestohlen.*
·tais en train de regarder les cartes postales / ·le faire une photo de mes copains.	*Ich war gerade dabei, Postkarten anzuschauen / ein Foto von meinen Freunden zu machen.*
·ut à coup, un garçon d'à peu près … ans ·'est approché de moi et m'a bousculé.	*Plötzlich hat sich mir ein Junge von ungefähr … Jahren genähert und mich angerempelt.*
ıis, il a couru dans la direction de…	*Dann ist er in Richtung … gelaufen.*
ıand j'ai contrôlé mon sac, j'ai remarqué que mon porte-monnaie n'était plus là.	*Als ich in meine Tasche schaute, habe ich festgestellt, dass mein Geldbeutel nicht mehr da war.*

Au secours ! *Hilfe!*

Vorsicht: Sprich einen Polizisten nie mit flic an, das entspricht dem deutschen Wort *Bulle* und ist sehr unhöflich!

▪ORTSCHATZ

délinquant	*Krimineller*	(il)légal	*(un)gesetzlich*
délit	*Delikt, Straftat*	innocent, e	*unschuldig*
·rter plainte contre	*Anzeige erstatten*	coupable	*schuldig*
police	*Polizei*	le voleur	*Dieb*
·gent de police (m) / le policier	*Polizist*	voler	*stehlen*
·rêter qn	*jdn festnehmen*	le vol	*Diebstahl*
terroger qn	*jdn befragen, verhören*	piquer	*klauen*
loi	*Gesetz*	le hold-up [ˈɔldœp]	*Raubüberfall*

KRANKHEITEN, ALLERGIEN, UNFALL

Natürlich kannst du auch in Frankreich krank werden oder einen Unfall haben. Vorsorglich solltest du einen Auslandskrankenschein deiner Krankenkasse dabei haben, damit ein eventueller Arztbesuch reibungslos klappt. Informiere dich also rechtzeitig bei deiner Krankenkasse, was du mitnehmen musst. Innerhalb der EU dürften jedoch keine Schwierigkeiten auftreten.

Wenn du eine chronische Krankheit hast, dich gerade in Behandlung befindest oder unter Allergien leidest, solltest du auf jeden Fall ausreichend Medikamente dabei haben. Es ist zwar kein Problem, die entsprechenden Arzneimittel in Frankreich zu beschaffen, aber sie haben oft unterschiedliche Namen. Du solltest auch offen mit deiner Gastfamilie über gesundheitliche Probleme, vor allem über bestehende Allergien, reden. Sprich hier vor dem Austausch mit deinem Französischlehrer oder schla ge die Begriffe im Wörterbuch nach und notiere sie dir, so kannst du der Familie gleich deine Probleme schildern.

Gegebenenfalls wird man dich sicher nicht allein zum Arzt oder in die Apotheke (la pharmacie) schicken, aber du solltest deine Probleme schon erklären können. Die Apotheken sind in Frankreich übrigens a einem grünen Kreuz zu erkennen.

ÄRZTE

Im Französischen heißt auch die Ärztin le médecin. Auch die meisten Spezialisten haben nur eine Form: le / la gynécologue, le / la psy etc.

le médecin	*Arzt*	l'orthopédiste (m/f)	*Orthopäde*
le généraliste	*Allgemeinarzt*	ORL	*HNO-Arzt*
le chirurgien	*Chirurg*	le gynéco(logue)	*Frauenarzt*
l'opthalmo(logue) (m/f)	*Augenarzt*	le dentiste	*Zahnarzt*
l'otorhino(laryngologiste) (m/f)	*Hals-Nasen-Ohrenarzt*	le kiné(sithérapeute)	*Krankengymnast*

ENDUNGEN

me sens très mal.	*Ich fühle mich schlecht.*
ai mal à la tête / à la gorge / aux dents. Vous avez un comprimé ?	*Ich habe Kopfschmerzen / Halsschmerzen / Zahnschmerzen. Haben Sie eine Tablette?*
ai mal au cœur.	*Mir ist übel.*
crois que j'ai de la fièvre.	*Ich glaube, ich habe Fieber.*
suis enrhumé. Tu as un kleenex® pour moi, s'il te plaît ?	*Ich bin erkältet. Hast du vielleicht ein Tempo® für mich?*

ORTSCHATZ

e moucher	*Nase putzen*	être allergique aux pollens	*allergisch sein gegen Pollen*
mouchoir	*Taschentuch*	faire une allergie aux poils de chat	*Allergie gegen Katzenhaare*
voir de la toux	*Husten haben*	l'allergie solaire (f)	*Sonnenallergie*
ousser	*husten*	se casser le bras	*sich den Arm brechen*
onsulter un médecin	*einen Arzt aufsuchen*	la fracture	*Bruch*
opeler le médecin	*den Arzt rufen*	enflé	*geschwollen*
cœur	*Herz*	se fouler qc	*sich etwas verstauchen*
estomac (m)	*Magen*	une ampoule	*Blase* (z. B. am Fuß)
peau	*Haut*	le pansement / le sparadrap	*Pflaster*

SPÉCIAL FILLES

Für Mädchen können im Ausland Probleme auftauchen, die Jungen nicht haben. Deshalb hier noch ein paar Tipps und Spezialvokabular. Falls du etwas zu Hause vergessen hast oder deiner Schwester etwas mitbringen möchtest: Im Kaufhaus ist die Abteilung Lingerie zuständig für Unterwäsche. Produkte für den Bereich Körperpflege, Kosmetik, Schminke (produits de beauté) findest du in jedem Supermarkt oder Kaufhaus bzw. in der Apotheke, dort aber teurer.

Wenn ein Mädchen seine Tage gerade während des Austauschs bekommt, ist das natürlich unangenehm, aber nicht zu ändern. Sinnvollerweise nimmt man die entsprechenden Hygieneartikel von zu Hause mit. Aber die Gastmutter wird dir bestimmt bei Problemen mit Rat und Tat zur Seite stehen. In jedem Supermarkt findet sich eine Drogerieabteilung, in der man Tampons bzw. Binden kaufen kann, unter Umständen aber nicht die gewohnte Marke.

20 Tampons bekommt man im Supermarkt für ca. 3-4 €. Eine Packung von 30 Slipeinlagen kostet ca. 2 €.

Wenn du dich so schlecht fühlst, dass du an einer Unternehmung der Gruppe bzw. der Gastfamilie nicht teilnehmen kannst, musst du rechtzeitig Bescheid sagen, damit die anderen nicht unnötig warten müssen.

Bei Bauchkrämpfen gibt dir die Gastmutter sicher eine Wärmflasche oder eine Schmerztablette. Falls du auf bestimmte Inhaltsstoffe allergisch reagierst, solltest du eigene Tabletten mitnehmen.

Die folgenden Begriffe solltest du zur Sicherheit auch kennen:
Empfängnisverhütung (la contraception), die Pille (la pilule) und das Kondom (le préservatif oder la capote (fam.))!

!

le tampon (avec applicateur)	*Tampon (mit Einführhilfe)*
la serviette (absorbante)	*Damenbinde*
le protège-slip	*Slipeinlage*
SPM (syndrome prémenstruel)	*PMS (prämenstruelles Syndrom)*

WENDUNGEN

veux acheter un rouge à lèvres ou un fard à paupières pour ma sœur.	*Ich möchte einen Lippenstift oder einen Lidschatten für meine Schwester kaufen.*
ai mes règles.	*Ich habe meine Tage.*
ai mes trucs / les ragnagnas. (fam.)	*Ich habe meine Tage.*
st-ce que tu as un tampon pour moi ?	*Hast du ein Tampon für mich?*
ai des crampes. Est-ce que je pourrais avoir une bouillotte / un coussin chauffant ?	*Ich habe Krämpfe. Könnte ich eine Wärmflasche / ein Heizkissen haben?*
ne me sens pas bien. Est-ce que je pourrais rester à la maison ?	*Ich fühle mich nicht gut. Könnte ich heute zu Hause bleiben?*
st-ce que vous pouvez me donner un comprimé contre la douleur / un analgésique ?	*Können Sie mir eine Schmerztablette / ein Schmerzmittel geben?*

WORTSCHATZ

soutien-gorge (balconnet)	*BH (mit Bügel)*	le maquillage	*Make-up, Schminken*
slip	*Slip*	se maquiller	*sich schminken*
culotte	*Unterhose*	le démaquillant	*Make-up-Entferner*
collant	*Strumpfhose*	les disques à démaquiller	*Abschminkpads*
vernis à ongles	*Nagellack*	les coton-tiges® (les bâtonnets coton)	*Wattestäbchen*
lime à ongles	*Nagelfeile*	la brosse	*Bürste*
dissolvant	*Nagellackentferner*	le pinceau	*Pinsel*
ombre à paupières (f)	*Lidschatten*	se raser / épiler les jambes	*Beine rasieren / enthaaren*
rouge à lèvres	*Lippenstift*		

Quiz 10

1 Les parties du corps humain – die Körperteile: Ordne zu.

1. le genou ☐
2. l'épaule ☐
3. le cou ☐
4. l'oreille ☐
5. le pied ☐
6. le bras ☐
7. le coude ☐
8. la bouche ☐

2 Quel docteur choisir ? Zu welchem Arzt gehst du?

1. J'ai mal à la tête.
2. Je me suis cassé le bras.
3. J'ai mal au dos.
4. Il faut arracher une dent.
5. J'ai une forte toux.
6. Les yeux me font mal.

a. le chirurgien
b. le dentiste
c. l'ophtalmo
d. l'ORL
e. l'orthopédiste
f. le généraliste

Cherche la bonne réponse. Suche die richtige Antwort:

Jemand wird ohnmächtig.
Was machst du?
- ☐ a. J'appelle le SAMU.
- ☐ b. Je lui donne un pansement.
- ☐ c. J'attends une demi-heure.

Jemand niest. Du sagst:
- ☐ a. À tes souhaits !
- ☐ b. Vive la santé.
- ☐ c. Bonne fête.

Jemand hebt sein Glas und sagt:
« À ta santé ! ». Du antwortest:
- ☐ a. Merci.
- ☐ b. À la tienne.
- ☐ c. Bonne santé.

4. Du besuchst jemand im Krankenhaus.
Beim Abschied sagst du:
- ☐ a. Bon travail.
- ☐ b. Bon rétablissement.
- ☐ c. Bonne continuation.

5. „Hals- und Beinbruch" heißt auf Französisch:
- ☐ a. Casse-croûte !
- ☐ b. Casse-pieds !
- ☐ c. Bonne chance !

6. Das Märchen „Der kleine Däumling" heißt auf Französisch:
- ☐ a. Le petit Poucet.
- ☐ b. Le Chat botté.
- ☐ c. Le petit Chaperon rouge.

Und wenn du gar nicht mehr weiter weißt, dann denke daran, dass man in Frankreich von « **le système D** » spricht. (D = Débrouille-toi !) Versuche dich irgendwie verständlich zu machen, notfalls auch mit Händen und Füßen.

Lösungen:
1 1. g.; 2. b.; 3. e.; 4. d.; 5. h.; 6. c.; 7. f.; 8. a.
2 1. f.; 2. a.; 3. e.; 4. b.; 5. d.; 6. c.
3 1. a.; 2. a.; 3. b.; 4. b.; 5. c.; 6. a.

BEGRÜSSUNG, VERABSCHIEDUNG

Bonjour.	*Guten Tag.*	À bientôt.	*Bis bald.*
Bonsoir.	*Guten Abend.*	À plus (tard). / À tout à l'heure.	*Bis später. / Bis gleich*
Bonne nuit.	*Gute Nacht.*	À demain.	*Bis morgen.*
Salut.	*Hallo. / Tschüss.*	Bonne journée.	*Einen schönen Tag.*
Au revoir.	*Auf Wiedersehen.*	À vous aussi.	*Ihnen auch.*

HÖFLICHKEIT

Merci (beaucoup).	*(Vielen) Dank.*	Excusez-moi.	*Entschuldigung.*
De rien.	*Keine Ursache.*	Pardon.	*Verzeihung.*
s'il vous plaît / s'il te plaît	*bitte*	(Je suis) Désolé(e).	*Es tut mir leid.*

SPRACH-BARRIERE

Je n'ai pas compris.	*Ich habe nicht verstanden.*
Je ne sais pas.	*Ich weiß es nicht.*
Pardon ? / Comment ?	*Wie bitte?*
Qu'est-ce que ça veut dire ?	*Was heißt das?*
Est-ce que tu peux / vous pouvez répéter ?	*Kannst du / können Sie wiederholen?*
Parle / parlez plus lentement, s'il te plaît / s'il vous plaît !	*Sprich / sprechen Sie bitte langsamer!*
Comment est-ce que ça s'appelle ?	*Wie heißt das?*

ne comprends pas ce mot. Tu peux m'expliquer ?	*Ich verstehe dieses Wort nicht. Kannst du es mir erklären?*
omment se prononce ce mot ?	*Wie spricht man das Wort aus?*
omment est-ce qu'on dit ça en français ?	*Wie sagt man das auf Französisch?*

M HILFE BITTEN

u secours !	*Hilfe!*
ı peux / vous pouvez m'aider ?	*Kannst du / können Sie mir helfen?*
st-ce que tu peux / vous pouvez m'expliquer comment je rentre à la maison ?	*Kannst du / können Sie mir bitte erklären, wie ich nach Hause komme?*
emain, il y a la sortie à Versailles. Vous pouvez me conduire à la gare, s'il vous plaît ?	*Morgen ist der Ausflug nach Versailles, können Sie mich bitte zum Bahnhof bringen?*
n va rentrer très tard. Est-ce que vous pourriez venir me chercher au parking ?	*Wir werden spät zurückkommen. Könnten Sie mich am Parkplatz abholen?*

USTIMMEN / ABLEHNEN

u as raison.	*Du hast Recht.*
e suis tout à fait d'accord avec ce qu'il dit.	*Ich bin völlig einverstanden mit dem, was er sagt.*
mon avis, il a raison / il a tort.	*Meiner Meinung nach hat er Recht / Unrecht.*
e pense que tu exagères.	*Ich finde, dass du übertreibst.*
e suis contre parce que…	*Ich bin dagegen, weil …*
'accord ?	*Einverstanden?*

FRAGEN, BITTEN

Le voyage a été très long, je préfère me coucher tôt ce soir.	*Die Fahrt war sehr lang, ich gehe heute lieber früh ins Bett.*
Où est-ce que je peux mettre / ranger mes affaires ?	*Wo kann ich meine Sachen hintun?*
Quand est-ce qu'il faut se lever demain matin ?	*Wann müssen wir morgen früh aufstehen?*
À quelle heure part le car ? C'est loin, l'arrêt de bus ?	*Um wie viel Uhr fährt der Bus? Ist die Haltestelle weit weg?*
Où sont les toilettes ?	*Wo sind die Toiletten?*
Je peux avoir quelque chose à boire ?	*Kann ich etwas zu trinken haben?*
J'aimerais boire quelque chose de chaud. Il a fait si froid dehors.	*Ich möchte gern etwas Warmes trinken. Es war so kalt draußen.*
Est-ce que je peux venir avec toi / avec vous au supermarché / à la poste / à la pharmacie ?	*Kann ich in den Supermarkt / auf die Post / in die Apotheke mitkommen?*
Est-ce que je peux faire mon footing après les cours ?	*Kann ich nach der Schule zum Joggen gehen?*

INFORMATIONEN ERFRAGEN

Pardon, madame, pour aller à la gare / au centre commercial ?	*Wie komme ich zum Bahnhof / zum Einkaufszentrum?*
Est-ce qu'il y a des toilettes publiques par ici ?	*Gibt es hier irgendwo öffentliche Toiletten?*
À quelle heure ferme le supermarché ?	*Wann schließt der Supermarkt?*
Où est-ce que je peux charger mon portable ?	*Wo kann ich mein Handy aufladen?*
Quel bus / quel métro faut-il prendre pour aller …	*Welchen Bus / welche U-Bahn muss ich nehmen , um nach … zu kommen?*

IN PROBLEM ÄUSSERN

ai le mal du pays. Je ne suis pas habitué(e) à être loin de ma famille.
Ich habe Heimweh. Ich bin nicht daran gewöhnt, von meiner Familie weg zu sein.

ai oublié mon sac dans le métro. À qui est-ce qu'il faut s'adresser ?
Ich habe meine Tasche in der U-Bahn vergessen, an wen muss ich mich wenden?

n m'a volé mon porte-monnaie. Vous pensez que je dois aller à la police ?
Man hat mir meinen Geldbeutel gestohlen. Soll ich auf die Polizei gehen?

es élèves français se moquent de moi / de mon accent.
Die französischen Schüler machen sich über mich / über meinen Akzent lustig.

ne me sens pas bien, je peux rester à la maison aujourd'hui ?
Ich fühle mich nicht gut, könnte ich heute zu Hause bleiben?

ITTEN ÄUSSERN, UM ERLAUBNIS BITTEN

voudrais me reposer un peu.
Ich möchte mich gern ein bisschen ausruhen.

aimerais passer un coup de téléphone / un coup de fil à mes parents.
Ich würde gern meine Eltern kurz anrufen.

ai encore le temps de prendre une douche ?
Habe ich noch Zeit, um in die Dusche zu gehen?

st-ce que je peux sortir avec les autres ce soir ?
Darf ich heute Abend mit den anderen weggehen?

st-ce qu'on a le droit de jouer au foot ici ?
Darf man hier Fußball spielen?

st-ce que je peux utiliser l'ordinateur pour envoyer un email ?
Kann ich den PC nutzen, um eine E-Mail zu schicken?

HINWEIS

Alle nachfolgenden Adressen und Links wurden zum Zeitpunkt des Drucks überprüft, wir können jedoch nicht garantieren, dass sich diese im Laufe der Zeit nicht ändern. Die Links stellen nur eine kleine Auswahl dar, die Möglichkeiten des Internets sind nahezu unbegrenzt …

DIPLOMATISCHE VERTRETUNGEN

Diplomatische Vertretungen Frankreichs in Deutschland:

L'Ambassade de France
Pariser Platz 5
10117 Berlin
Tel.: 030 / 590 03 90 00
www.botschaft-frankreich.de

Außerdem gibt es noch französische Konsulate in Düsseldorf, Frankfurt am Main, Hamburg, München, Saarbrücken und Stuttgart.

Diplomatische Vertretungen Deutschlands in Frankreich:

L'Ambassade de la République fédérale d'Allemagne
13/15, avenue Franklin D. Roosevelt
75008 Paris
Tel: (0033) (0)1.53.83.45.00
www.paris.diplo.de

Außerdem gibt es noch deutsche Konsulate in Bordeaux, Lyon, Marseille und Straßburg.

PRACHE

ww.pons.de	Kostenloses Online-Wörterbuch in 12 Sprachen + Deutsche Rechtschreibung

EUTSCHLAND UND FRANKREICH

ww.france-allemagne.fr	Offizielles deutsch-französisches Internetportal
ww.dfjw.org	Deutsch-Französisches Jugendwerk (siehe Infos S. 6)
ww.institutfrancais.de	Die Seite der französischen Kulturinstitute in Deutschland. Hier kannst du sehen, in welcher deutschen Stadt in deiner Nähe sich ein solches Kulturinstitut befindet. Dort finden kulturelle Veranstaltungen (Konzerte, Lesungen etc.) statt und man findet eine Bibliothek mit französischen Medien.
ww.france.fr	Französisches Fremdenverkehrsamt
ww.france-blog.info	Der Blog des Klett-Verlages zu aktuellen Themen rund um Frankreich und die französische Sprache.

KULTUR UND MEDIEN

www.linternaute.com	Internetmagazin mit unzählige Infos zum aktuellen Geschehen, Fernsehen, Kino, Küche, Spiele und und und …
www.viafrance.com	Ausgehen in Frankreich, nach Regionen geordnet.
www.actuabd.com	Alles rund um Comics.
www.allocine.fr	Alles über die Filme im französischen Kino.
https://musique.rfi.fr/	Französischer Radiosender, den man auch online anhören kann.
www.arte.tv/fr	Internetseite des deutsch-französischen Fernsehsenders.
www.tv5monde.com/	Französischsprachiger Fernsehsender, der auch in Deutschland über Kabel zu empfangen ist.

MUSIK

www.lesinrocks.com	Seite der Zeitschrift « Les Inrockuptibles », die vor allem im Musikbereich sehr bekannt ist.

INKAUFEN

ww.leguide.com	Preisvergleich
ww.fnac.com	Bücher, CDs, DVDs und mehr.
ww.auchandirect.fr	Die Online-Version der Supermarktkette kann dir dank der bebilderten Produkte auch beim Vokabellernen helfen.
ww.kiabi.com	Online nach Klamotten stöbern.
ww.chaussures.fr	Online nach Schuhen stöbern.

SSEN UND TRINKEN

ww.regal.fr	Hier kannst du dir unter « Régions » die traditionellen Gerichte deiner Gastregion anzeigen lassen.
ww.meilleurduchef.com	Hier findest du einige illustrierte Rezepte, so dass du einfach sehen kannst, wie die französischen Spezialitäten gemacht werden, z. B. eine « Galette des rois » oder eine « Quiche Lorraine ».

'ERKEHRSMITTEL

ww.ratp.fr	Die Verkehrsbetriebe in und um Paris.
ww.sncf.com	Die französische Eisenbahn.

BILDNACHWEIS

U1 Shutterstock (cache_cache), New York; **U1** Shutterstock (advent), New York; **U1** Shutterstock (Dean Drobot), New York; **U1** Shutterstock (Madredus), New York; **3** Fotolia (Cyril PAPOT), New York; **3** Shutterstock (robert paul van beets), New York;3 Shutterstock (MMacKillop), New York; **4** iStockphoto (Thomas_EyeDesignThomas_EyeDesign), Calgary, Alberta; **4** Fotolia (MurielleD), New York; **4** Fotolia (Jacques PALUT), New York; **5** Fotolia (matmoon), New York; **5** Fotolia (illustrez-vous), New York; **5** Fotolia (Meggy Hilton), New York; **8** Avenue Images GmbH, Hamburg; **9** Fotolia (Ron Sumners), New York; **10** Shutterstock (Thomas Pajot), New York; **20** iStockphoto (Jim Tardio), Calgary, Alberta; **21** Fotolia (citrix34), New York; **22** Fotolia (herreneck), New York; **23** Shutterstock (Paul Matthew Photography), New York; **28** Fotolia (Konstantin Sutyagin), New York; **29** iStockphoto (archives), Calgary, Alberta; **30** Shutterstock (Kruchankova Maya), New York; **34** Shutterstock (Shawn Hempel), New York; **36** Fotolia (Loic Le Brusq), New York; **38** Fotolia (Laurent Renault), New York; **38** Fotolia (HLPhoto), New York; **39** Fotolia (JJAVA), New York; **44** Fotolia (Philippe Minisini), New York; **46** Fotolia (Maud Taleque), New York; **52** Fotolia (Jorvik), New York; **54** Fotolia (VannPhotography), New York; **57** Fotolia (michaeljung), New York; **58** PONS GmbH (Stefan Zörlein), Stuttgart; **62** Shutterstock (Losevsky Pavel), New York; **63** Fotolia (Guy Beyrouti), New York; **64** PONS Archiv, Stuttgart; **66** Fotolia (Delphine Briault), New York; **70** Getty Images, München; **72** Shutterstock (carballo), New York; **74** Fotolia (Deklofenak), New York; **76** iStockphoto (Tom Nulens), Calgary, Alberta; **82** Fotolia (Louis Capeloto), New York; **86** Fotolia (Alberto Maisto), New York; **88** PONS GmbH (Stefan Zörlein), Stuttgart; **90** Fotolia (Fabien), New York; **96** PONS GmbH (Stefan Zörlein), Stuttgart; **100** iStockphoto (MomTo3Girls3Boys), Calgary, Alberta

ISBN: 978-3-12-562962-2

[D] 18,00 € / [A] 18,50 €; Klappenbroschur

Grammatik in Bildern Französisch

Jeder kann Grammatik lernen!

- Grammatik kann schön sein! Gehe angstfrei an Themen heran, von denen du immer dachtest, dass du sie nie verstehen würdest
- Mit visuellen Darstellungen, wie z.B. Bildern und Grafiken, prägen sich selbst schwierige Themen ein
- EXTRA: Visuelle Klappen zum schnellen Nachschauen von grammatischen Begriffen ohne langes Blättern - praktisch und jederzeit aufklappbar

PONS
Hallo Welt.